김학섭 소설집

지붕 없는 방

KB192043

지붕 없는 방

발행일   2024년 6월 10일

지은이   김학섭
펴낸이   손형국
펴낸곳   (주)북랩
편집인   선일영   편집   김은수, 배진용, 김현아, 김다빈, 김부경
디자인   이현수, 김민하, 임진형, 안유경, 신혜림   제작   박기성, 구성우, 이창영, 배상진
마케팅   김회란, 박진관
출판등록 2004. 12. 1(제2012-000051호)
주소   서울특별시 금천구 가산디지털 1로 168, 우림라이온스밸리 B동 B113~115호, C동 B101호
홈페이지   www.book.co.kr
전화번호   (02)2026-5777   팩스   (02)3159-9637

ISBN   979-11-7224-118-6 03810(종이책)   979-11-7224-119-3 05810 (전자책)

(주)북랩 성공출판의 파트너

북랩 홈페이지와 패밀리 사이트에서 다양한 출판 솔루션을 만나 보세요!

홈페이지 book.co.kr   *   **블로그** blog.naver.com/essaybook   *   **출판문의** book@book.co.kr

작가 연락처 문의 ▶ ask.book.co.kr

작가 연락처는 개인정보이므로 북랩에서 알려드릴 수 없습니다.

김학섭 소설집

지붕 없는 방

북랩

잃어버린 시간을 찾아서

아파트 숲을 고향이라고 말할 수 있을까. 우리가 생각하는 고향은 아름다운 꽃이 피고, 새가 울고, 숲이 있고, 논밭이 있고, 황소가 길게 울음 우는 그런 곳을 말한다. 바쁘게 살다 보니 고향뿐만 아니라 잊고 사는 게 너무 많다. 『지붕 없는 방』은 보통 사람이면서 보통 사람들과 다르게 살아온 우리들의 이야기다. 여기에 수록된 이야기들은 지나간 이야기일 수 있고 지금의 이야기일 수 있고, 앞으로 다가올 수 있는 이야기일 수 있다. 세상은 끊임없이 변하고 있다. 농경사회에서 산업사회로, 산업사회에서 AI 시대로 접어들었다. 식당에서 로봇이 음식을 나르고, 거리에는 무인 자동차가 다니고, 로봇이 인간을 수술하는 등 공상과학에서나 볼 수 있던 일들이 현실로 다가오고 있다. 앞으로 어떤 세상이 다가올지 무섭게 느껴진다. 발전한다고 마냥 좋아할 수 없는

지붕 없는 방

세상이 도래하고 있다. 도덕은 땅에 떨어지고 살인, 성폭력, 노인학대, 어린이 학대, 저출산, 지구의 자연재해 이런 일들이 대수롭지 않게 일어나고 있다. 인간의 욕심이 만들어 낸 결과물이다. 『지붕 없는 방』은 열한 편의 단편소설을 통해 우리 사회가 안고 있는 여러 가지 문제를 고발하고 있다.

2024년 5월

김학섭

목차

잃어버린 고향

오뉴월 보릿고개가 있던 시절이다. 오봉마을 사람들도 보릿고개를 피해 가지 못했다. 어느 날 해룡의 집에 경사가 났다. 어미 소가 새끼를 낳은 것이다. 소로 농사를 짓던 시절이니 보통 횡재가 아니었다. 일꾼이 하나 더 생겨 기뻐해야 하지만 해룡의 아버지는 두 마리를 키울 수 없다며 어미 소를 팔기로 하자 해룡은 울면서 안 된다고 했다. 읍내에는 이레마다 우시장(牛市場)이 열렸다. 우시장에서 거래되는 소는 나이가 많아 대부분 도살장(屠殺場)으로 팔려 갔다. 농사일을 위해 팔리는 소는 드물었다. 해룡은 어미 소가 도살장으로 끌려가 죽임을 당할 일을 생각하니 잠을 잘 수 없었다. 장날 아침 해룡은 일찍 일어나 외양간으로 가보니 어미 소가 벌써 없어지고 송아지만 눈을 멀뚱거리며 어미 소를 찾고 있었다. 아버지가 일찍 어미 소를 끌고 우시장으로 나간 것이다. 송아지는 며칠 울다가 지쳤는지 어미 소를 찾지 않았다. 아버지는 어미 소를 판 후 마음이 안되었는지 외양간 쪽으로 고개를 돌리지 않았다. 그러던 아버지가 한 달도 안 되어 소 판 돈을 노름에 몽땅 날렸다. 본전을 찾겠다며 땅문서까지 가지고 노름판으로 가더니 그것마저 몽땅 잃고 말았다. 겨우 잡풀이 무성하여 팔지 못하는 오봉산 밑 야산(野山) 하나만 남겨두었다. 어머니는 속이 상해 아버지를 원망하며 자리에 눕더니 몇 해 동안 화병으로 고생하다 돌아가셨다. 일 년 후 아버지도 시름시름 앓더니 어머니의 뒤를 따라갔다. 해룡이와 송아지만 남게 되었다. 해룡이 열여덟 살 때 일이었다. 해룡은 송아지 목에 워낭을 달아 주고 누렁이라고 부르기로 했다.

"이제부터 너는 누렁이라고 부른다."

누렁이가 고개를 흔들 때마다 목에 달아 준 워낭이 댕그랑, 하고 소리를 냈다.

"먹고살려면 열심히 일해야지."

해룡은 잡풀이 무성하고 자갈로 뒤덮인 쓸모없는 야산을 개간하기로 결심했다. 자기는 아무리 힘이 들어도 아버지처럼 노름꾼으로 살지 않겠다고 몇 번이고 다짐했다. 열심히 일하면 잘살 수 있을 거라고 믿었다. 해룡이 이웃 동네에 품을 팔러 가는 날에는 누렁이는 혼자 풀밭에서 하루를 보내다가 해가 지면 집으로 돌아왔다. 품을 팔지 않는 날에는 누렁이와 함께 야산 풀밭을 개간했다. 풀을 베고 자갈을 들어낼 때마다 조금씩 농토(農土)가 넓어지면 해룡은 마음이 뿌듯했다. 이렇게 힘든 몇 해가 흘렀다. 해룡이 나이 스물셋, 하루는 해룡이 누렁이에게 말했다.

"네가 수고한 덕택에 내년 봄에는 여기에다 감자도 심고 옥수수도 심을 거야. 조금만 더 노력하면 품을 팔지 않아도 우리 땅에 곡식을 심어 수확할 수 있어. 그러면 너도 종일 나하고 같이 있을 수 있어 좋을 거야."

"흐흥."

누렁이도 알아듣는 듯했다. 해룡은 농토가 넓어지자 신이 나서 누렁이와 함께 새벽에 들로 나가면 해가 지고 오봉산으로 둥근 달이 떠올라야 집으로 돌아왔다. 열심히 일해도 힘이 들지 않았다. 마을 사람들은 미련하게 일하는 해룡을 곰이라고 불렀다. 해룡은 자신을 곰이라고 불러도 기분 나쁘지 않았다. 밤낮을 모르고 일하는 해룡을 걱정하는 사람도 있었다.

"자네 그러다 몸에 병이 나네."

"내 몸은 무쇠네. 걱정하지 마시게."

"죽든 말든 우리는 모르는 일일세."

"그럴 일은 없을 거네."

땅은 농부의 마음을 배반하지 않았다. 다음 해부터 새로 만든 밭에 감자도 심고 옥수수도 심었다. 여름이면 풀을 베어 개간한 땅에 깔아주자 척박한 흙은 비료를 주지 않아도 기름진 옥토로 변해갔다. 지렁이도 살고 굼벵이도 사는 생명 있는 땅으로 변했다. 씨를 뿌린 만큼 거두는 것이 아니라 더 많은 수확을 할 수 있었다. 해룡은 남들이 넘기 힘들다는 오뉴월 보릿고개를 힘들이지 않고 넘을 수 있었다.

"누렁아. 너도 좋지?"

"음매."

그때마다 누렁이가 고개를 흔들자 대답하듯 워낭이 짤랑댔다. 이제 해룡은 봉자에게 결혼하자고 해도 될 것 같았다. 봉자와 결혼해서 아들딸 낳고 행복하게 살고 싶었다. 봉자 아버지는 태순 노인이다. 집안사람들의 소개로 왕산골에서 오봉마을 심씨 재실로 이사 오게 되었다. 재실(齋室)은 문중 땅에 농사를 짓고 거기서 나오는 수확물로 일 년에 한 번씩 가을에 문중 사람들이 모여 조상에게 제사를 지낼 때 제사상을 차리면 되었다. 재실에는 문중 농토가 있어 이사 오는 사람은 내 땅이 없어도 먹을 걱정은 하지 않아도 되었다. 태순 노인이 왕산골에서 재실로 이사 올 때는 술과 노름으로 재산을 탕진한 후였다. 그런 태순 노인에게 봉자 같은 딸이 태어났다는 게 믿을 수 없었다. 봉자 어머니는 태순 노인의 허랑방탕한 생활 때문에 병이 들어 먼저 세상을 떠났다. 그러자 집안 살림을 어린 봉자가 다 했다. 봉자는 나이보다 어른스러웠다. 해룡은 봉자를 처음 보는 순간 마음을 빼앗겼다. 길에서 봉자와 마주치면 가슴이 두근거리고 얼굴이 달아올랐다. 해룡은 자기도 모르게 봉자 집 앞을 어슬렁거리는 자신을 발견하고 깜짝 놀라기도 했다. 사람은 자기 허물을 보지 못하는 모양이었다. 태순 노인은

지붕 없는 방

해룡이 봉자를 좋아한다는 소문을 듣고 쥐뿔도 없는 놈이 분수도 모르고 내 딸을 욕심내느냐며 펄쩍 뛰었다. 해룡은 그 소리를 듣고 두고 보자며 오기가 생겨 더 열심히 일했다. 누렁이에게 말했다.

"태순 노인이 뭐라고 하든 나는 반드시 봉자를 데려오고 말 거야. 봉자가 오면 마음이 착해서 너에게 맛있는 소죽을 끓여 줄 거야. 봉자는 왕산골에서도 소를 키웠다고 했으니까 너의 사정을 잘 알 거야. 지금은 내가 가진 게 없으니 청혼하면 태순 노인이 거절할 게 뻔해. 너도 봉자 아버지 입장 같으면 나같이 가난한 사람에게 결혼시키고 싶지 않을 거야."

그 후 해룡은 밤낮을 가리지 않고 열심히 일해서 지금은 먹고살 만큼 땅을 가지게 되었다. 이제는 봉자에게 사랑을 고백해도 태순 노인이 말 못 할 거라고 믿었다. 하루는 해룡이 누렁이와 함께 밭에서 일하고 늦게 집으로 돌아오고 있었다. 오봉산으로 밝은 달이 솟아오르고 산들바람이 불어와 기분이 좋았다. 밤하늘에 별이 금구슬을 박아 놓은 듯이 반짝거렸다. 오봉마을은 달빛에 젖어 고즈넉하기까지 했다. 밭에서는 어린 보리 순이 달빛을 받아 윤기가 자르르 흘렀다. 해룡이가 누렁이를 앞세우고 산밑으로 누워 있는 길을 따라서 봉자 집 마당 옆을 지나갈 때, 기다리고 있었다는 듯 퉁명스럽게 부르는 소리가 났다.

"해룡인가?"

"누구시오?"

"밤낮 없이 일하더니 귀까지 먹었는가?"

봉자 아버지 태순 노인이었다.

"어쩐 일이슈?"

"내게 할 말이 없는가?"

"없는데요."

"나는 자네에게 할 말이 있네, 좀 들어오게."

봉자는 아버지가 무슨 소리를 할지 알고 있는 듯 굳은 표정으로 방에서 얼른 나와 해룡에게 누렁이 고삐를 받아 울타리 밖에 있는 감나무에 매어 놓았다. 해룡은 태순 노인을 따라 방으로 들어갔다. 해룡이 엉거주춤하고 방에 서 있자,

"집이 무너지지 않으니 앉게."

"그러지요."

해룡이 자리에 앉았다. 태순 노인이 봉자를 좋아한다는 소문을 들은 것 같았다. 해룡은 무슨 소리를 해도 두렵지 않다는 표정으로 태순 노인을 뻣뻣한 태도로 바라보았다. 태순 노인은 해룡의 당당한 모습을 보자 화가 나는 모양이었다. 이 자식이 간덩이가 부었는가. 봉자를 달라고 사정해도 시원하지 않을 판인데 작대기처럼 뻣뻣하기까지 하니 어이가 없네, 하고 태순 노인은 불쾌한 표정으로 해룡을 노려보았다.

"자네가 우리 봉자를 넘본다면서?"

태순 노인은 해룡을 얕보는 투로 말했다.

"자네 같은 가난뱅이에게 내 딸을 줄 생각은 먼지만큼도 없네, 겨우 손바닥보다 조금 더 큰 땅뙈기를 갖게 되었다고 내 딸을 욕심내는 모양인데 어림없네."

태순 노인은 해룡에게 봉자의 꿈도 꾸지 못하게 미리 못을 박아 두려는 것 같았다. 기가 죽을 해룡이 아니었다.

"저도 노름에 주정꾼 딸을 아내로 맞을 생각은 없네요."

"말하는 것 보게, 아니란 말이지?"

태순 노인이 눈을 부라렸다.

"아닙니다."

"알았네."

태순 노인은 화가 나 얼굴이 확 붉어졌다. 이 자식이 사람을 어떻게 보고 그런 막돼먹은 소리를 하느냐고 큰소리치고 싶었지만 모든 게 사실이니 할 말이 없었다. 태순 노인의 술주정은 왕산골뿐만 아니라 오봉마을에서도 잘 알려진 이야기였다.

태순 노인이 젊었을 때 일이다. 농한기에 태순은 친구들을 데리고 읍내 단골집이라며 방석집으로 향했다. 친구들에게 자기 존재를 과시하려는 것 같았다. 방석집이 어떤 곳인가. 아가씨를 두고 술을 파는 곳이다. 태순 일행이 들어서자 곱게 한복을 차려입은 여자들이 이들을 공손하게 맞이했다. 태순은 친구들에게 보라는 듯 어깨에 힘을 주며 거드름을 피웠다. 조금 후 상다리가 휘어질 듯한 술상이 나왔다. 여자들과 어울려 밤이 깊도록 맘껏 술을 마셨다. 얼마나 술을 마셨을까, 태순이 가자며 자리에서 일어나더니 외상이라고 하자 조금 전까지 온순하던 여자들이 늑대로 돌변하여 도끼눈을 하고 달려들었다. 교양이라고는 먼지만큼도 찾아볼 수 없었다. "이 자식이 정신 나갔네, 우리는 흙 파먹고 장사하냐? 술 파는 여자라고 만만하게 보이냐?" 하더니 태순의 옷을 벗기고 술값을 가져와야 보내주겠다는 것이다. 팬티만 입은 태순의 꼴이 볼만했다. 어쩔 수 없이 친구들이 돈을 갹출해서 술값을 물어주고 방석집을 풀려났다. 술집을 나서자 태순은 뉘우침도 없이 오히려 큰소리쳤다.

"몸이나 파는 것들이…."

몇 번 술 먹으러 다녔다며, 그때는 점잖고 교양 있는 여자로 보였다며, 외상술이란 말에 그렇게 나올 줄은 꿈밖이었다는 것이다.

"자네 허풍 때문에 무슨 망신인가. 돈도 없이 방석집에 간 자네 잘못이지. 여자들이야 돈 벌려고 하는 짓인데 그녀들의 말이 틀린 것은 아닐세. 흙 파서 장사하는가?"

"자네들은 누구 편인가?"

"편은 무슨 편인가. 자네 고약한 술병이나 고치시게."

태순은 나이를 먹고 노인이 되어도 술병을 고치지 못했다. 술 좋아하고 노름해서 재산까지 거덜 내고도 정신을 차리지 못했다. 오봉마을에 이사 와서도 태순 노인의 술병은 그대로였다. 해룡은 주정뱅이 아버지를 둔 봉자가 불쌍했다. 그날 해룡은 태순 노인의 집을 나서며 들으라는 듯 한마디 했다.

"두고 보슈, 봉자는 반드시 우리 집으로 데려오게 할 거유."

"어림 반 푼어치도 없는 소리 말게."

태순 노인의 화난 음성이 들렸다. 봉자는 감나무에 매어 놓은 누렁이를 해룡에게 데려다주며 미안해서 말했다.

"아버지 대신 내가 사과할게."

"걱정 말어, 나는 아무렇지도 않으니까."

해룡은 산길을 돌아서며 누렁이에게 자랑이라도 하려는 듯 말했다.

"봤지? 봉자는 나를 좋아하는 게 틀림없어."

해룡은 집으로 돌아오는 발걸음이 가벼웠다.

오봉마을에 가을이 내렸다. 다랑논에도 누렇게 익은 벼 이삭이 바람에 무거운 듯 고개를 흔들었다. 척박한 땅을 열심히 가꾼 탓으로 해마다 곡식이 잘 되었다. 감자, 옥수수가 오봉마을에서는 빠질 수 없는 농작물이다. 해룡은 가을 햇빛에 잘 익어가는 곡식을 보며 흐뭇한 표정을 지었다. 개간한 농토에서 곡식을 많이 수확할 수 있다는 것이 꿈만 같았다. 해룡은 수고를 누렁이에게 돌렸다.

"이게 다 자네 덕분일세. 고마워."

해룡은 마음속으로 생각했을 때, 내 땅도 가지게 되고 봉자와 결혼하여 아이를 낳으면 지금의 집은 너무 작았다. 방 두 칸에 처마가 땅에 닿을 만큼 낮은 초가집이었다. 해룡은 방이 여러 개 달린 새집을 지으려고 결심했다. 며칠 후 오봉마을에는 집터를 다지는 노랫소리가 쩌렁쩌렁 울렸다. 꽹과리 소리, 징 소리도 합세했다. 마을 사람들이 집터 다지는 곳으로 모였다. 모처럼 오봉마을이 들썩거렸다. 잔치 분위기였다. 해룡은 막걸리를 받아오고 술안주로 돼지머리를 사 와서 가마솥에 삶았다. 이를 보자 마을 사람들은 더욱 신명이 나서 열심히 집터를 다졌다. 집터를 다지는 노래가 멀리 이웃 동네까지 퍼져갔다.

이 집 짓고 삼 년 만에
아들 낳으면 효자 낳고
딸을 낳으면 열녀로다
불끈 들었다 쾅쾅 놓소
삼백 근 뭉치가 벌 날듯하네

해룡은 큰 집을 지어놓고 봉자와 오손도손 살아가는 상상을 하며 빙그레 웃었다. 아이들도 다섯쯤 낳으면 세상에 부러울 것이 하나도 없을 것 같았다. 해룡은 한참 행복한 꿈을 꾸고 있는데 어둠 저쪽에서 사람을 얕잡아 보는 듯한 음성이 들려왔다.

지붕 없는 방

"곰처럼 일하더니 제 세상이라도 만난 것 같군."

태순 노인이었다.

"어쩐 일이슈?"

"어쩐 일은, 소란스럽기도 하고 궁금해서 나왔네. 하늘에서 돈벼락이라도 맞았는가?"

"열심히 일한 덕이지요. 세상에는 공짜는 없습니다."

"장하구먼. 그래도 봉자는 아닐세. 꿈 깨게."

태순 노인은 여전히 봉자는 안 된다는 것이다. 해룡은 이제 보릿고개를 넘을 수 있을 만큼 넉넉한 농토를 가졌으나 태순 노인의 눈에는 여전히 예전의 가난뱅이로 보이는 모양이었다. 해룡은 태순 노인의 속셈을 환하게 꿰고 있었다.

"장날 술이나 한잔하시지요."

태순 노인의 얼굴이 금세 환해졌다.

"허허허 그럴까. 그러면 다시 생각해 보겠네."

해룡의 새집은 방 여섯 칸에 외양간이 달린 기와집이었다. 그러나 외양간에 들어갈 누렁이가 없었다. 얼마 전 누렁이와 함께 밭에서 일하고 집으로 돌아오는 길에 누렁이는 맥없이 길에 주저앉았다. 숨을 가쁘게 몰아쉬며 힘들어했다. 해룡은 안타까웠다. 자신의 욕심만 생각하고 나이가 많은 누렁이를 너무 힘들게 부린 것 같아 미안했다. 그날 겨우 집에 돌아온 누렁이는 소죽을 먹지 못했다. 콩이 섞인 맛있는 소죽을 권해도 자리에 누운 채 큰 눈만 멀뚱거리고 있었다.

"내가 너무 힘들게 한 모양이구나."

다음 날 누렁이는 해룡이 지켜보는 가운데 눈을 감았다. 감은 눈에 눈물이 주르륵 흘러내렸다. 해룡은 누렁이의 머리를 쓰다듬어 주며 작별 인사를 했다.

"잘 가거라. 저세상에서 편안하게 살아라. 다시 소로 태어나지 마라."

지금은 가족같이 지내던 누렁이가 옆에 없었다. 힘차게 들리던 워낭 소리도 들을 수 없게 되었다. 해룡은 누렁이가 새집이 잘 바라보이는 곳에 묻어 주었다, 누렁이와 함께 개간한 땅이었다. 누렁이는 갔으나 해룡은 영원히 누렁이와 함께하고 있다고 생각했다. 일이 힘들 때는 누렁이 무덤에 찾아가 하소연하기도 했다. 누렁이는 해룡의 말이라면 무엇이나 다 들어 주었다. 새집 외양간에는 누렁이가 사용하던 물건들을 그대로 진열해 놓았다. 구유 위에는 누렁이 목에 매달았던 워낭을 달아 놓아 바람이 불면 뎅그렁 하는 소리가 들렸다. 워낭 소리를 들으면 해룡은 누렁이와 함께하고 있다고 생각했다. 오봉마을에 삼월이 되어도 산골짝 음지에는 잔설(殘雪)이 남아 있어 아침저녁으로 기온이 싸늘했다.

장날 아침 일찍 문밖에서 해룡을 찾는 소리가 났다.

"해룡이 있는가?"

지붕 없는 방

"뉘시오?"

"태순일세."

"아침부터 어쩐 일이시우?"

해룡이 문을 열고 내다보니 태순 노인이 집 앞 감나무 밑에 서서 벙글벙글 웃고 있었다. 무슨 좋은 일이라도 생긴 것일까. 해룡이 궁금해서 물어보았다.

"뭐 좋은 일이라도 생긴 거요?"

"생겼지, 자네가 장날 한 잔 사주기로 했으면서."

"기억력도 좋으시우."

"잊을 게 따로 있지."

"알았소."

태순 노인은 해룡이 새집을 짓고 나서 부쩍 관심이 많아 보였다. 길에서 만나면 자네는 새집에 살고 있으니 살맛이 나겠다는 둥, 어서 장가를 가서 아이 많이 낳고 잘 살아야 할 것 아니냐는 둥, 요즘은 얼굴보다 마음이 착한 여자를 데려와야 평생 고생하지 않고 잘 살 수 있다는 둥, 여러 가지로 말한 후 세상에 봉자 만한 여자도 없을 것이라며 은근히 딸 자랑을 했다. 전에 없던 일이었다. 그러면서 자기에게 잘 보여야 한다는 말을 빼놓지 않았다. 해룡은 태순 노인의 엉큼한 속이 보이지만

"걱정하지 마슈, 오늘은 마음 놓고 마시지요. 대신 내 마음에는 봉

자뿐이라는 사실만 알아주슈."

하고 빙긋 웃었다, 태순 노인이 눈을 흘겼다.

"김칫국부터 마시지 말게, 싫으면 그만둬도 좋네. 술 사주겠다는 총각들은 많다네."

해룡은 태순 노인이 마음에 없는 소리를 하고 있다는 것을 알고 있었다. 농촌에는 장가가지 못한 총각들이 많았다. 처녀들이 돈을 찾아 도시로 떠났기 때문이었다.

"걱정하지 마슈. 오늘 술은 봉자 때문에 사는 거요."

"허허허, 그런가."

태순 노인과 해룡은 길을 나섰다. 두 사람이 나란히 길을 걸어가자 이를 본 마을 사람들이 장인 사위가 길을 가는 것 같다며 한마디씩 했다. 태순 노인은 기분이 좋은지 입에서 구성진 정선 아리랑 가락을 뽑았다. '비가 올라나 눈이 올라나 억수장마가 지려나, 오봉산 꼭대기에 검은 구름이 막 모여든다.' 술을 마실 생각을 하니 신이 나는 모양이었다. 해룡은 오늘 무슨 일이 있어도 봉자를 주겠다는 약속을 받아내고 싶었다. 해룡은 함께 걷는 사람이 봉자였으면 얼마나 좋을까, 하고 벙싯거렸다. 태순 노인이 눈치라도 챘는지 한마디 했다.

"지금 옆에 가는 사람이 봉자였으면 했지? 얼굴에 그렇게 쓰여 있구먼."

태순 노인이 자기 마음속에 들어갔다 나온 것처럼 말을 하자 해룡이 속이 뜨끔했다.

"그 뭐…."

"걱정하지 마시게, 오늘 자네 하는 걸 봐서 결정하기로 하지."

협박처럼 들리는 말이었으나 해룡은 봉자를 생각해서 오늘 하루 태순 노인에게 마음껏 잘해야 하겠다는 결심을 했다. 외진 산골길이라고 해도 적적하지 않다. 길옆 나뭇가지에서 참새들이 짹짹거리며 이 나무 저 나무 옮겨 다녔다. 꿩의 울음소리가 꼬공꼬공, 하고 산골을 찌렁찌렁 흔들었다. 이름 모를 멧새들의 노랫소리도 들렸다. 두 사람은 이리저리 산천을 구경하며 걷는 동안 쑥고개를 넘자 눈앞에 읍내가 보였다. 이농(離農) 때문에 예전처럼 장을 보러 가는 사람이 많이 줄었다.

"다 왔구먼."

두 사람이 들린 곳은 순돌 할머니 집이었다. 예전에는 니나노 집이라고 해서 아가씨를 두고 술장사를 했으나 번화가에 나이트클럽이 생기고 고급 술집이 생기면서 여자들이 돈을 많이 벌 수 있다며 그쪽으로 몰려갔다. 그 바람에 순돌 할머니는 겨우 단골손님으로 명맥을 이어가고 있었다. 순돌 할머니는 막걸리를 파는 집도 자기가 막차를 타고 있다고 생각했다. 조금 후 순돌 할머니가 직접 술상을 봐 오면서 내가 죽으면 이 집도 없어질 거여, 하고 쓸쓸하게 웃었다.

"세상도 변하고 인심도 변했으니 별수 없지요."

옛날이야기를 하며 술을 마시는 동안 태순 노인도 혀가 꼬부라졌다.

"자네 봉순이하고 결혼하고 싶은 생각이 여전한 거야?"

"허락해 주시려고요?"

"물론이네."

"좋습니다. 오늘은 술값 걱정하지 마시고 마음껏 마시지요."

"어험, 그럼 그럴까. 순돌 할멈, 있는 술 다 가져오시게. 오늘은 우리 양껏 마셔보세."

태순 노인의 주량은 끝이 없는 것 같았다. 순돌 할머니가 건강이 걱정되어 말했다.

"술도 음식인데 적당히 마셔유."

그때 해룡이 자리에서 일어났다.

"말씀 나누며 두 분이 천천히 많이 드셔요, 나는 장을 봐야 하니 먼저 일어나겠어요."

"어험, 그러시든지."

해룡이 자리에서 일어났다. 순돌 할머니는 해룡에게 태순 노인은 걱정하지 말라며 장을 보면 바로 집으로 가라고 했다. 술이란 묘해서 취할 때와 깰 때 마음이 다르기에 해룡은 떠나기 전에 다시 확답을 받아두기로 했다.

"장인어른, 술이 깨서 다른 소리 하기 없기요."

"장인이라니 어째 듣기에 어색하구먼, 염려 놓으시게. 허허허."

태순 노인이 기분이 좋은 모양이었다.

"그럼 그렇게 알고 가겠습니다. 순돌 할머니가 보증인이오."

"알겠네. 보증인이 돼 주겠네."

이미 장은 파장(罷場)하려고 했다. 해룡은 서둘러 필요한 씨앗들이며 농기구를 사 들고 집으로 돌아왔다. 태순 노인에게 장인 소리를 해도 화를 내지 않아서인지 오늘은 해룡이도 기분이 좋았다. 봉자가 자기 아내가 되어주면 다른 소원은 없을 것 같았다. 해룡은 오는 길에 누렁이가 있는 무덤에 들러 태순 노인과 함께한 이야기를 소상하게 들려주었다.

"자네는 복이 없구먼, 좀 더 살았으면 봉자가 끓여주는 소죽을 먹을 수 있었을 것 아닌가. 미안하게 되었네."

그 말을 하고 나니 가슴이 뭉클했다. 그날 밤 해룡의 마음은 봉자에게 가 있었다.

봄이라고 하지만 삼월의 오봉마을 밤바람은 차가웠다. 음지(陰地)에는 아직도 잔설(殘雪)이 남아 있었다. 날씨가 차지만 어김없이 봄이 오는 소리가 들렸다. 양지(陽地) 쪽에는 바위틈 사이로 흘러내리는 물소리가 쪼록쪼록, 하고 들려왔다. 생강나무는 노란 꽃을 피웠다. 소나무 가지 사이로 흘러드는 달빛은 냉기를 품은 듯 차갑다. 날씨가 차도 해룡은 옆에 봉자가 있는 것만으로 가슴이 두근거렸다. 이런 날이 올 때를 얼마나 기다렸는가. 해룡은 봉자를 만나면 할 말이 많을 것 같았는데 입이 붙어 버렸다. 침묵하고 있다가 겨우 한마디 했다.

"달이 밝구먼."

"보름달이니 밝지."

해룡이 엉뚱한 소리만 하자 봉자는

"왜 만나자고 한 거야?"

"그냥…"

'얼굴이라도 보고 싶어서 만나자고 하면 어디 탈이라도 나냐.' 봉자가 이렇게 생각하고 있는데 해룡은 우물쭈물하더니 겨우 하는 말이

"올해 집 앞 밭에는 보리를 심을 작정이구먼. 오봉산 밑 양지바른 밭에는 감자를 심고, 다랑논에 벼를 심어야지, 가뭄이 들지 말아야 곡식이 잘 자랄 텐데 봄 가뭄이 심해 걱정이구먼."

하고 해룡은 봉자를 만나서 기껏 한 해 농사를 걱정했다.

"그 이야기 하려고 나를 불러낸 거야?"

봉자가 실망하는 눈치였다. 해룡이 그게 아니라는 듯 손을 저었다.

"어서 말해 봐, 뭔데?"

"오늘 아버님이 늦게 오실 거야."

"그런 말씀이 없었는데."

"순돌 할머니와 밤새도록 술을 마실 걸, 술값을 내가 물어주기로 했거든."

봉자는 한참 말이 없다가

"밤중에 남자 여자 둘이 만나면 이상하게 생각할 거야. 어서 집에 가야지."

지붕 없는 방

하고 봉자가 불만스럽게 말했다. '너를 사랑한다.' 이 한마디만 하면 그만인데 말하지 못하고 빙빙 돌리기만 하는 해룡이가 갑갑했다. 언제까지 마음에 없는 소리만 할 건가. 밝은 달은 이미 서쪽 하늘로 반쯤 넘어갔다. 달빛을 받고 서 있는 봉자의 얼굴이 더욱 예뻐 보였다. 해룡은 손이라도 잡을까 하다가 어떻게 생각할지 몰라 그만두었다. 조금후 수줍게 입을 열었다.

"할 말이 있어."

"말해 보라니까, 뜸 들이지 말고."

해룡이 기어드는 목소리로 말했다.

"널 좋아해."

봉자는 나도, 하고 말하려다 그만두었다. 그 말 한마디가 그렇게 힘든 것인가. 서로 말을 주고받지 않아도 마음은 이미 하나가 된 기분이었다. 봉자는 그날 밤 두근거리는 마음을 안고 집으로 돌아왔다. 태순 노인은 밤이 새도록 집에 돌아오지 않았다. 웬일일까. 술을 마시면 자주 있는 일이어서 봉자는 크게 걱정하지 않았으나 오늘은 날씨가 추워 어쩐지 불안했다. 무슨 불길한 일이 생긴 것만 같았다. 아침 일찍 마을에 이상한 소문이 돌았다. 태순 노인이 마을 입구 남의 집 담을 기대고 누워 잠을 자고 있다는 해괴한 소문이었다. 오봉마을의 삼월은 낮에는 포근하다가도 밤이면 서리가 내릴 정도로 추운 날씨로 변한다. 이런 날 술에 취해 길에서 잠을 자면 동사(凍死)하기 쉽다. 태순 노인은 술에 취하면 몸을 이기지 못해 길에서 잠을 잘 때가 있었으나 아무리 깊은 밤중이라도 술이 깨면 집으로 돌아왔다. 오늘은 뭔가 수상했다. 봉자가 걱정하고 있는데 문밖에서 부르는 소리가 났다.

"봉자 있는가?"

문을 열어보니 집안 당숙 되는 분이었다.

"어쩐 일이셔요?

"자네 나하고 가보세, 이상한 소문도 있고, 간밤에 꿈도 흉흉하고."

그러자 봉자의 가슴이 철렁했다.

"그럼 아버지가…"

"아직은 모르네. 어서 가보세."

봉자는 잠시도 지체할 수 없었다. 마을 사람들도 몇 사람 모였다. 까마귀가 감나무 가지에 올라앉아 고개를 마을 쪽으로 향하고 "가악, 가악." 하고 울었다. 봉자는 '까마귀가 울면 불길한 일이 생길 것이라고 하던데.' 겁이 났다. 마을 사람들이 현장에 도착했을 때 태순 노인은 몸을 담에 기대어 자는 듯이 눈을 감고 있었다. 손목에는 새로 산 양은그릇이 몇 개 매달려 있었다. 술에 취했어도 잃어버리지 않으려고 끈으로 손목에 매달았다. 봉자는 가슴이 꽉 막히며 눈물이 핑 돌았다. 당숙께서 말했다.

"누구에게 선물이라도 할 모양이었구먼."

"……."

봉자가 왕산골에서 오봉마을로 이사 오면서 헌 그릇을 버리고 새 그릇으로 장만했으면, 하고 불평했는데 아버지가 그 말을 마음에 담아둔 듯해 가슴이 아려왔다. 그 소리만 하지 않아도 아버지는 오늘 이렇게 되지 않았을 것이다. 봉자는 이번 사고가 자기 때문인 것 같았다. 사람의 목숨이 질기다고 하던데 거짓말 같았다. 바로 옆에 집이 있어 살려달라고 한마디만 해도 살 수 있을 텐데 체면 때문에 그 말을 하지 못한 것 같았다. 마을 사람들은 종이 한 장 차이로 죽음과 삶의 경계를 보는 것 같아 안타까워했다.

"명(命)이 거기까진 거지."

태순 노인의 장례는 삼일장으로 치러졌다. 봉자 어머니 옆에 모셨다. 봉자 어머니는 태순 노인이 술을 목숨보다 더 좋아하여 분명 제 명까지 못 살 거라고 말했었다. 봉자 어머니는 죽더라도 술 냄새 풍기며 옆에 오지 말라고 했다. 태순 노인은 아무리 싫어해도 죽어서는 당신 옆으로 갈 거라고 말했다. 봉자 어머니는 그곳에는 술도 없고 여자도 없을 텐데, 하고 말하자 태순 노인은 당신만 있으면 그만이지, 저세상에서는 여자가 필요 없다고 말했다. 봉자 어머니는 입술에 침이나 바르고 말하라고 했다. 그러던 태순 노인은 자기 소원대로 아내 옆으로 갔다. 며칠 후 해룡은 읍내 장에 갔다가 태순 노인의 그날 행적이 궁금해 순돌 할머니 집에 들렀다가 가슴이 짠한 소리를 듣게 되었다. 순돌 할머니는 해룡을 향해

"자네, 태순 노인에게 잘해야 할 거여. 새집에 이사할 때 아무것도 해 준 것이 없다며 자네에게 집들이 선물을 하려고 양은그릇을 샀다고 말하더군. 불쌍하게 간 영감이네."

해룡은 주먹으로 머리를 한 대 얻어맞은 기분이었다. 봉자를 안 준다고 하면서도 속으로는 사위로 생각하고 있었구나, 하고 생각하니 살았을 때 좀 더 잘해 주지 못한 것이 후회되었다. 그날 밤 해룡은 봉자를 오봉산으로 불러냈다. 밤하늘에 별은 금가루를 뿌린 듯했다. 밝은 달은 소나무 가지에 걸려 있다. 해룡은 읍내에서 순돌 할머니에게 들은 이야기를 봉자에게 자세하게 전해 주었다.

"나는 그런 줄도 모르고…."

열 길 물속은 알아도 한 길 사람 속을 모른다는 말을 이럴 때 두고 하는 것 같았다.

"봉자는 몸만 오면 되네."

"정말 그래도 돼?"

"물론이지, 이미 아버님으로부터 많은 것을 받은 것이나 다름없네. 우리가 결혼하면 아버지도 좋아하실 걸세. 결혼하여 아들딸 낳고 잘 살면 효도하는 거지. 나도 봉자만 오면 이 세상에 부러울 것 하나도 없네."

봉자는 해룡의 말에 코허리가 시큰했다. 해룡은 봉자의 손을 힘껏 잡았다. 봉자는 손을 빼려 했지만 해룡은 놓아주지 않았다. 봉자의 손은 까슬까슬했다. 일을 많이 한 손이다, 해룡은 봉자의 그런 손이 더

따뜻하고 고마웠다. 봉자가 얼굴을 붉히며 말했다.

"내 손이 험하지?"

"걱정 말어, 나는 이런 손이 부드러운 손보다 몇 배 좋다네."

"고마워."

그날 해룡은 봉자를 가슴에 꼭 안아 주었다. 달도 별도 이 모습을 보고 빙그레 웃는 것 같았다. 밤이 깊어서 멀리 마을에서 닭 우는 소리가 들려왔다. 희뿌옇게 하늘이 밝아서야 두 사람은 헤어졌다. 가을에 결혼식을 올리기로 했다. 다랑논으로 누렇게 가을이 내렸다. 이장집 마당에 마을 사람들이 모였다. 해룡과 봉자의 결혼식이 치러지는 날이었다. 가을하늘은 높고 푸르러 두 사람의 결혼식을 축복해 주는 것 같았다. 주례는 마을에서 제일 연장자인 두식 노인이 보기로 했다. 마당에 차일이 쳐지고 평상복을 입은 신랑 신부가 마주 섰다. 맞은 편에 두식 노인이 두 사람을 향해 섰다. 곧이어 두식 노인의 간단한 주례사가 있었다.

"특별히 부탁할 것은 따로 없고 아들딸 많이 낳아서 우리 같은 농사꾼도 만들고 학교 선생님도 만들고 병원 의사도 만들고 또…."

웃음과 박수가 터졌다. 두식 노인이 끝으로 못을 박아 두었다.

"남들이 다 고향을 떠나더라도 해룡과 봉자는 이곳 귀신이 되어야 하네. 알겠는가?"

"암요."

그날 하루는 오봉마을에서 종일 먹고 마셨다. 해가 오봉산으로 넘어가고 밤이 깊어서야 신랑 신부는 신방에 들었다.

해룡 부부는 아들 셋을 낳았으나 주례사의 부탁과 달리 자식들은 모두 도시로 떠났다. 셋 중 하나도 농사꾼은 없었다. 피땀 어린 농토를 팔아 가르친 자식들은 도시로 나가는 것이 부모에게 효도하는 길이라고 생각했다. 고향을 떠난 자식들은 일 년에 명절이 되어야 얼굴을 한번 보여주었다. 명절날 자식들은 며느리와 손자를 앞세우고 우르르 왔다가 해가 지기도 전에 바쁘다는 핑계로 우르르 떠나갔다.

"세상이 변했으니 자식들도 변하지 않을 수 없겠지."

해룡은 늙고 병든 몸을 툇마루에 뉘었다. 식구들이 북적이던 큰 집은 텅 비었다. 해룡의 나이 여든 살, 젊었을 때 일을 너무 많이 한 탓인지 가만히 있어도 삭신이 성한 곳이 하나도 없었다. 다리가 아프고 허리에 통증이 심했다. 비가 오는 날은 통증이 더 심했다. 봉자도 병으로 세상 떠난 지 여러 해 되었다. 해룡은 적적하고 외로울 때면 함께 고생했던 누렁이에게 들렀다가 봉자의 묘(墓)를 찾았다.

"그곳은 일 걱정 없으니 편안하겠구려."

해룡의 친구라고는 마당 앞에 서 있는 감나무에 앉아 아침마다 짹짹거리는 참새, 까마귀, 까치, 꿩 그리고 밤이면 하늘에 반짝이는 별과 오봉산에 떠오르는 둥근 달이었다.

며칠 전 서울에 있는 아들이 전화했다.

"아버지, 서울에 올라와서 편히 사세요. 그까짓 시골 땅이 몇 푼이나 나간다고 그냥 두고 오세요."

하자 해룡은

"내 걱정하지 말고 자네들이나 잘 살게."

전화를 끊고 나니 가슴이 먹먹했다. 괜스레 마음이 울컥하며 먼저 간 봉자와 누렁이가 보고 싶었다.

"나는 자네들 두고 떠날 생각이 없다네. 자식들이 보기에 하찮은 땅이겠지만 자네와 내가 흘린 피와 땀이 밴 고향 땅일세. 내가 자네들 버리고 어디로 가겠는가."

그러는 해룡의 눈에 눈물이 글썽했다. 오봉산에 쟁반같이 둥근 달이 떠오르고 있었다.

손이 없는 날

김 씨는 잡풀이 무성하게 자란 묘(墓) 앞에 신문지 한 장을 펼쳐 놓고 캔맥주와 초코파이, 막걸리, 새우깡, 땅콩 봉지를 차례로 차려 놓았다. 잠시 후 상돌 위에는 제법 그럴듯한 제사상이 차려졌다. 저만치 도롯가에 세워 둔 소형 트럭에서 남 씨가 가스통을 메고 앞서 걸어오고 그 뒤를 오 씨가 작은 화덕을 메고 숨 가쁘게 따라오고 있었다. 무쇠로 만든 화덕은 무겁게 보였다. 두 사람은 묘 가까이 와서 짐을 내려 놓았다. 얼굴은 잘 익은 사과 빛으로 물들었다. 등줄기에는 땀이 줄줄 흘러내렸다. 오 씨는 어깨가 아픈지 팔을 크게 두 번 원을 그려 보았다. 두 사람은 제사 음식을 차려 놓은 묘 앞으로 다가갔다. 이들이 가까이 오자 김 씨가 말했다.

"수고들 했구먼, 절을 하세. 이런 분들 덕분에 우리가 먹고사는 거니까 감사의 인사를 드려야지. 오 씨는 절을 하지 않겠군, 교회에 나가니까."

오 씨가 얼굴에 땀을 손바닥으로 문지르며 말했다.

지붕 없는 방

"그렇다네."

"자네는 죽으면 천당에 가겠구먼. 혼자서 가면 안 되네. 우리는 한 팀이니까 다 함께 가야지. 살아서 이렇게 좋은 일 하는 데 죽어서는 호강해야 할 것 아닌가. 그럼 오 씨는 빠지고 우리 둘이 절을 먼저 하고 난 후에 기도하시게. 묘 주인에게 신고는 해야지."

"알았네."

묘는 지난해에도 벌초하지 않았는지 풀이 무성하게 자랐다. 나뭇잎이 땅에 떨어져 썩으면 아무리 척박한 땅이라도 오래가지 않아 비옥한 땅으로 변했다. 가난했던 시절, 땔감이 없어 낙엽이 땔감으로 사용될 때는 산의 흙이 기름질 틈이 없었다. 그러나 농경사회에서 산업사회로 변하면서 농부들은 돈을 찾아 이농(離農)이 시작되면서 산에는 낙엽이 쌓이고 땅은 기름졌다. 묘는 일 년만 벌초하지 않아도 금세 풀밭으로 변했다. 김 씨가 말했다.

"갈수록 조상을 몰라보는 세상이 되어가는구먼."

"앞으로 더 하겠지."

오 씨가 말을 받았다. 김 씨가 밝은 얼굴로 말했다.

"걱정하지 마시게, 그래야 우리 같은 사람이 밥을 먹고 살 것 아닌가."

"그렇기는 하네만, 앞으로 세상이 어떻게 되려고."

보름 전 서울에 사는 정달호라는 사람으로부터 김 씨에게 전화가 왔다. 어렵게 전화번호를 알게 되었다며 반가운 목소리로 인사를 건넨 후 이달에 윤달이 들어 조상의 묘를 없애기로 가족과 합의를 보았으니 작업을 맡아 달라는 것이었다. 자기도 작업에 참석하고 싶으나 회사에 급한 일이 생겨 필리핀 보라카이로 출장을 가게 되었다며 아쉽게 되었다는 것이다. 윤달에 묘를 없애지 못하면 또 4년을 기다려야 하는데 그때 어떻게 될지 모르니 올해에 묘를 없애기로 했다는 것이다.

김 씨는 반가운 음성으로 작업은 걱정하지 말라며 외지(外地) 사람은 선급(先給)이라고 하자 은행 계좌를 알려 주면 돈을 바로 보내주겠다는 것이다. 김 씨가 은행 계좌번호를 알려 주었더니 즉시 돈을 보내왔다. 이야기를 들은 오 씨가 반가워하면서도 빈정댔다.

"한심한 인간들. 보라카이가 어떤 곳인가, 세계 유명 해수욕장이 아닌가? 저희 들은 중대한 집안일을 남에게 맡기고 출장을 핑계로 피서 가겠다는 거 아닌가, 우리야 돈을 벌어 좋기는 하지만 남의 일 같지 않구먼."

오 씨의 흥분된 말에 김 씨가 훈계조로 한마디 했다.

"그런 인간들이 많을수록 우리야 좋은 거 아닌가. 저들은 놀러 가서 좋고 우리는 돈을 벌어 좋고, 누이 좋고 매부 좋은 거지. 오 씨는 다 좋은데 남의 제사에 감 놔라 대추 놔라 하는 게 병일세."

"헛헛, 그런가."

조상의 묘를 없애는 것이 서운한 사람들은 봉안당(奉安堂) 같은 곳에 일정 기간 모셨다가 없애기도 한다는 것이다. 객지에 나가 사는 자식들은 매년 추석을 앞두고 고향에 있는 묘를 찾아 벌초하는 것이 짐이 되었을 것이다. 몇 년 전만 해도 추석날이면 촌수(寸數)가 먼 집안사람까지 모여 성묘했다. 하지만 지금은 직계 가족이 아니면 모이지 않는 시대가 되었다. 형제도 멀리 살면 오지 않아 남보다 못한 사이가 되어가고 있다. 사촌 사이도 만나지 못하면 남이 되어가는 세상이다.

인적이 드문 산골에는 벌초하지 않아 흉물처럼 버려진 묘가 많이 있다. 살아 있는 부모도 버리는 세상이니 오래된 조상의 묘를 찾지 않는 것은 이상한 일도 아니다. 김 씨는 잡초가 숲을 이루고 있는 임자 없는 무덤을 찾아서 벌초해 주었다. 이런 일을 하고 나면 자기 일처럼 마음이 가벼웠다. 오 씨가 김 씨를 보고 놀렸다.

"누가 아는가. 좋은 일 하면 묘 주인의 영혼이 늙은 총각이 불쌍하여 처녀라도 소개해줄지."

"이 나이에 장가는 무슨…."

김 씨는 나이 쉰이다. 혼기를 놓쳤다.

"사람이 세상에 왔다가 씨는 남기고 가야지."

"포기한 지 오래되었네."

그동안 김 씨는 장가가기 위해 노력을 많이 했다. 장가가려면 허풍도 떨어야 하고 적당하게 거짓말도 할 줄 알아야 하지만 김 씨는 착하기만 했다. 만나는 여자에게 가정 형편이 넉넉하지 못하다고 솔직하게 고백하자 시집오겠다는 처녀가 없었다. 우물쭈물하다 결혼 적령기를 놓치고 말았다. 어머니는 총각 귀신이 되고 싶으냐며 성화가 불같으나 결혼은 김 씨 뜻대로 되지 않았다. 한때 필리핀이나 베트남 처녀를 데려오려고 생각했으나 고생시킬까 두려워 그만두었다. 시골에는 이렇게 장가가지 못한 늙은 총각이 많다. 요즘 처녀들은 시집도 가기 싫어하고 아이도 낳기 싫어하니 인구가 줄 수밖에 없었다. 나라에서 여러 가지 인구 대책을 내놓으나 약발이 먹히지 않는 모양이었다. 방송에서는 해마다 인구가 줄고 있다며 이렇게 가다가 나라 존립마저 위태롭다는 학자들의 주장까지 방송하고 있었다.

김 씨, 남 씨, 오 씨 세 사람은 아파트 공사 현장에서 철골 나르는 일을 하면서 알게 되었다. 그러다 김 씨가 먼저 지인의 소개로 파묘(破墓)하는 일을 시작했고 수입이 좋아 뒤따라 남 씨, 오 씨가 합류하게 되었다. 처음에는 이런 일을 한다는 것이 꺼림칙했으나 몇 번 하다 보니 수입도 좋지만 다른 사람이 싫어하는 일을 하니 보람도 생겨 지금까지 계속하게 되었다. 오늘은 서울에 사는 정달호의 부탁을 받고 파묘하기 위해 오봉마을까지 찾아온 것이다. 인적이 뜸한 산골이었다. 입바른 소리 잘하는 오 씨가 불만을 드러냈다.

"돌아가신 분이 불쌍하지. 후손이라는 인간들이 출장을 핑계로 유원지로 놀러 가는 걸 돌아가신 이의 영혼이 알면 얼마나 괘씸하게 생각하겠는가."

남 씨가 말을 받았다.

"요즘 사람들은 자기들이 하늘에서 뚝 떨어졌다고 생각한다네. 그러니 조상을 생각이나 하겠는가."

"불쌍한 인간들."

땅이 기름진 탓인지 봉분에 어린 굴참나무, 소나무를 비롯해 아까시나무까지 뿌리를 내리고 있었다. 남자 셋은 파묘를 고하는 제사가 끝나자 음식을 가지고 나무 그늘에 앉았다. 산골은 적적했다. 사람을 구경할 수 없었다. 간혹 쏴 하고 나뭇가지에 스치는 바람 소리만 산골의 정적을 깨울 뿐이었다. 남자 셋은 막걸리로 마른 목을 적셨다. 교통이 편한 곳은 굴착기 같은 중장비로 공사를 하지만 이런 산골에는 중장비가 들어올 수 없어 어쩔 수 없이 사람의 힘으로 파묘할 수밖에 없었다. 남 씨가 술잔을 입에 털어 넣으며 말했다.

"조상을 무시하는 인간 치고 잘 되는 사람 못 봤네."

오 씨가 고개를 저었다.

"모르는 소리 말게, 그런 사람들이 더 잘 살더구먼."

"요즘 사람들은 돈 버는 데 목숨을 거니 아이들이 뭘 보고 배우겠는가. 효(孝) 같은 것은 강 건너간 지 오래일세, 세상 탓할 수만 없네."

매장 문화에서 화장 문화로 바뀌면서 죽음에 대한 예우도 많이 달라졌다. 예전에 효자는 부모가 돌아가시면 부모 무덤 옆에 움막을 짓고 시묘(侍墓)라고 해서 삼 년간 살았다. 요즘은 삼베옷을 입은 상주가 상여를 따라가며 애통하게 통곡하는 모습을 볼 수 없다. 상여 대신 죽은 사람은 생전에 구경하지 못한 리무진을 타고 화장터로 향한다. 화장지에 도착하면 죽은 이는 불가마에 들어가 두 시간도 안 되어 한 줌의 재로 변해 항아리에 담겨 상주 앞에 나타난다. 모든 것은 상조회사에서 맡아 하고 있어 상주의 슬픔도 예전 같지 않다. 슬프게 우는 상주도 보기 힘들다. 화장 문화가 모든 것을 바꾸어 놓았다. 그러나 아직도 양지바른 남향 쪽이면 어김없이 죽은 사람이 차지하고 누워 있다. 앞으로는 이들도 화장되어 봉안당으로 갈 수밖에 없는 세상이 도래할 것이다.

김 씨 일행은 윤달이 드는 해에 일거리가 많다. 사람들은 보통 달에는 파묘를 하기 위해서 손이 없는 날을 따져야 하지만 윤달이 드는 해는 그럴 필요가 없다. 윤달은 4년마다 한 번씩 찾아오는데 사람들은 윤달을 그해 없는 달로 취급하여 길일을 따질 필요 없이 아무 때나 묘에 쟁기를 대도 탈이 없다고 믿었다.

남 씨는 남의 집 파묘를 하는 날에는 마음이 울적해지며 서울에 사는 아들 생각이 간절했다. 자기가 세상을 하직하는 날 와서 눈물을 흘려줄까, 하는 의문이 들어서다. 자식과 인연을 끊고 산 지 벌써 여러 해가 되었다. 재산 문제도 아니고 제사 문제 때문이었다. 삼 년 전 일이었다. 남 씨는 추석날 아침 서울에서 온 아들 내외와 손자들이 함께 차례를 지낸 후 성못길에 나섰다. 남 씨는 나이가 많아 가파른 산길을 오를 때면 무릎이 아파도 자식 앞에서 내색하지 않았다. 막노동을 하니 몸

지붕 없는 방

이 성한 곳이 없었다. 아내는 오 년 전에 위암으로 세상을 떠났다. 그날 아들 가족과 조상의 성묘를 마치고 마지막으로 아내의 묘 앞에서 차례를 지낸 후 음식을 나누어 먹었다. 남 씨가 아들에게 술잔을 권했으나 아들이 사양했다. 헤어져 살고 있으니 같이 술을 마실 기회가 없었다.

"오늘은 한잔 마셔도 되네."

하고 남 씨가 계속 권하자 아들은 어쩔 수 없이 잔을 받아 홀짝 비운 후 남 씨에게 잔을 건넸다. 이렇게 아버지와 아들이 술잔을 주고받자 남 씨는 마음이 흡족했다. 이런 행복이 계속되었으면 좋겠다고 생각했다. 남 씨가 아쉬운 듯이,

"세상이 빠르게 변하니 우리 세대가 가고 나면 아마 성묘하는 법도 없어지고 말걸세."

하고 세상 돌아가는 모습이 걱정되어 한마디 했다. 술을 몇 잔 마시자 술기운이 몸으로 퍼지며 기분이 좋아서 고개를 들어 하늘을 보았다. 구름 몇 조각이 정처 없이 흘러가고 있었다. 그때 술잔을 비운 아들이 평소에 가지고 있던 소신인 듯한 말을 했다.

"아버지, 앞으로 제사를 한데 모아서 한 번만 지내지요. 세상이 변했으니 우리도 시대를 따라가야지요."

하자 남 씨가 깜짝 놀랐다.

"그럼 기제사(忌祭祀)를 없애자는 거냐?"

"시대를 따라가자는 겁니다."

"그게 그거잖아."

남 씨가 일언지하에 거절했다.

"내가 살아 있는 한은 그건 안 되네."

"세상이 바뀌었습니다."

"아무리 바뀌어도 그것만은 안 되네. 그건 조상을 버리자는 것 아닌가."

아들이 어떤 말을 해도 남 씨는 가문의 전통을 끝까지 지키고 싶다는 것이었다. 남 씨는 세상 사람이 다 변해도 자기 아들만은 변하지 않을 것이라고 믿었는데 자식의 변한 모습을 대하는 순간 서운한 감정이 앞섰다. 돈을 힘들게 벌어 열심히 가르친 아들이 그런 말을 하자 자기 자식이 맞는지 의심이 들었다. 아내가 세상을 떠났을 때 일이었다. 남 씨는 아들에게 함께 사는 것이 어떠냐고 먼저 제안한 적이 있었다. 한참 생각하던 아들은 자기도 그리고 싶으나 함께 살면 서로 불편한 점이 많을 것이라며 떨어져 사는 것이 좋겠다고 거절했다.

"서운하구먼."

하고 남 씨가 말하자 아들은 오히려 아버지를 생각해서 드리는 말씀이라는 것을 강조했다.

"아버지를 생각해서 드리는 말씀입니다."

"나를 생각하는 일이라고?"

"그렇습니다. 우선 아버지와 함께 살면 집사람이 불편해할 겁니다.

아이들은 노인 냄새가 나서 싫다고 할 테고, 또….”

“뭐가 또 있는가?”

“나도 중간에서 이쪽저쪽 눈치를 봐야 하니 힘들 겁니다.”

“그게 나를 생각해서 하는 소리인가?”

“그렇습니다.”

남 씨는 한마디 더 하고 싶었으나 겨우 참았다. 아들의 속마음을 알
게 되자 남 씨도 때가 되면 다른 노인처럼 요양병원에서 쓸쓸하게 인생
을 마감하게 되겠구나, 하고 생각했다. 요즘은 자식이 많아도 노인 혼자
요양병원에서 임종하는 경우가 많다. 남의 이야기처럼 들리지 않았다.
이날 아들은 작심한 듯 가슴속에 묻어두었던 이야기를 다 꺼냈다.

“앞으로 기제사에는 참석하기 어렵겠습니다.”

“어째서?”

“도시 생활이란 바쁘기도 하고. 뭐 제사를 지낸다고 해서 조상이 돌
봐주는 것도 아니잖습니까, 시간 낭비일 뿐입니다.”

남 씨는 기가 막혔다.

“나는 지금까지 못 먹고 못 입을 때도 조상을 꼭 모셔왔네. 후손인
내가 할 도리라고 생각했기 때문일세. 한데 내 대에 와서 제사를 없애
겠다는 건가? 나는 그렇게 못하네.”

아들은 굽히지 않았다.

“지금은 호주 제도도, 간통죄도 없어진 세상입니다. 제사도 간소화

되어야 합니다."

"그래도 사람이 할 도리는 해야지."

남 씨는 며느리의 생각도 같은지 물어보았다.

"자네도 그렇게 생각하는가?"

"아버님 말씀도 이해합니다. 그러나 지금은 세상이 바뀌었습니다.
저는 남편의 뜻을 존중합니다."

며느리도 같은 마음이었다.

"엇험."

남 씨는 목에 가시가 걸린 것처럼 헛기침을 몇 번 했다. 그동안 며
느리가 기제사 준비하느라 힘이 들었던 모양이었다. 명절 차례를 제
외하고도 기제사만 다섯 번이니 힘도 들었으리라. 며느리를 보기 전
에는 남 씨는 집안의 전통대로 기제사를 밤 열두 시 가까이에서 지냈
다. 며느리를 본 후 자식들을 생각해서 제사 지내는 시간을 초저녁으
로 바꿨다. 원래 기제사는 새벽닭이 울기 전에 지내야 한다는 것이다.
닭의 울음소리를 들으면 혼령(魂靈)이 집에 올 수 없기 때문이라고 했다.
첫닭이 울기 전에 제사를 지내야 혼령이 와서 흠향(歆饗)을 한다고 믿었
다. 그러나 요즘은 그런 이야기를 믿는 사람은 없다. 남 씨도 객지에서
생활하는 아들을 생각해서 가문의 전통을 무시하고 초저녁에 기제사
를 지내기로 했다. 그러나 아들은 기제사를 지내지 않겠다는 것이 아
닌가. 남 씨가 물었다.

지붕 없는 방

"기제사를 그만두자는 거잖아."

"모아서 한 번으로 지내자는 거지요."

"그렇게 하면 돌아가신 날이 다른데 기제사 지내는 의미가 없잖은가."

아들은 시큰둥한 표정을 하며 더 말을 하지 않았다. 그날 아들은 남 씨에게 심각한 숙제를 남기고 회사 일이 바쁘다며 가족과 함께 서울로 가버렸다. 남 씨는 저만치 가는 아들의 등 뒤에 대고 들건 말건 혼자 중얼거렸다.

"세상이 아무리 바뀌어도 자네는 남 씨 집안의 핏줄일세."

그 후 아들은 명절에도 기제사 때도 회사 일이 바쁘다며 집에 오지 않았다. 남 씨는 기제사를 혼자서 지낼 수밖에 다른 도리가 없었다. 기제사 날이면 조상의 위패(位牌) 앞에 제사 음식을 차려 놓고 혼자 우두커니 앉아 있으려니 한심하고 쓸쓸한 생각이 들었다. 아내가 없으니 빈자리가 더욱 컸다. 남 씨는 아내의 기일에 산소를 찾아 상 돌에 음식을 차려 놓은 후 탄식했다.

"자식 놈이 오지 않았다고 너무 섭섭하게 생각하지 마시게. 이제는 자식도 내 마음대로 되지 않는 세상일세. 자네가 갈 때는 자식이 있었지만 내가 갈 때는 혼자일 것 같으니 어쩌겠나, 세상인심이 그렇게 야속하게 변했으니……."

잔에 술을 부어 아내 무덤에 가져간 다음 자기의 입으로 가져가 홀짝 마셨다. 아내의 음성이 들리는 듯했다.

"자식 문제는 자식에게 맡기고 마음 편안하게 살다가 오슈."

"그래야 할 것 같구먼. 허허허"

남 씨는 아내에게 미주알고주알 일러바치고 나니 마음이 조금 가벼워지는 것 같았다. 자식과 연락이 뜸했다. 자식이 제사 때 오지 않으니 있으나 마나 한 자식이라고 생각했다. 이야기를 다 듣고 난 김 씨가 말했다.

"자식의 탓만도 아니네, 세상이 변한 탓이네."

"그렇기는 하지."

남자 셋이서 둘러앉아 술을 마시며 이런저런 이야기를 하는 동안 산 꿩이 우는 소리가 빈 산에 쩌렁쩌렁 울렸다.

초여름인데도 바람이 한여름 열기를 훅훅 뿜었다. 해가 시루봉산 중턱에 걸려 있었다. 술잔이 몇 순배 오고 가자 술기운이 몸에 퍼졌다. 김 씨가 자리에서 일어났다.

"해가 더 올라오기 전에 일을 끝내세."

"그러세."

이번에는 오 씨와 김 씨가 묘 앞으로 갔다. 김 씨가 잠시 숨을 고른 후 먼저 삽으로 땅에 깊숙하게 꽂았다가 흙을 한 삽 푹 떠서 묘 밖으로 던졌다. 황금색의 흙이 땅 위로 흩어졌다. 김 씨는 자기들이 하는 일이 앞으로는 점점 늘어날 것이라고 생각했다. 장례 문화가 빠르게 매장에서 화장으로 변하고 있었다. 화장은 명당을 따질 필요가 없다. 봉안당이 아파트식으로 되어 있기 때문이다. 그러나 지금도 매장을 고집하는 사람은 여전히 명당자리를 찾아 묘를 쓰고 있다. 전국 어디를 가도 남향 쪽이고 양지바른 곳이면 어김없이 묫자리가 차지하고 있다. 돈이 많을수록 가문을 자랑하려는 듯 묘지 터가 크다. 사람들은 명당자리가 정말 존재하는 것일까, 하고 의심하면서도 은근히 믿었다. 그러나 명당자리에 묘를 쓰고도 패가망신하는 집안이 있는 것을 보면 명당자리가 있다고도 할 수 없다. 사람들은 죽음 저쪽 세상을 모르기 때문에 명당이 있다는 구실을 만들어 죽음에 대한 두려움을 잊으려 했을지도 모른다. 사람들은 묘를 쓸 때 흙이 황금색이면 명당자리라고 막연하게 믿었다. 파묘 일을 하는 김 씨도 그렇게 믿었다. 음습한 곳은 지옥이라고 말하고 싶을 정도로 죽은 이의 모습이 몇십 년 되어도 그대로 있어 몸에 소름이 돋을 때가 있었다. 이런 분을 화장해서 수목장으로 모시고 나면 좋은 일을 하고 났을 때처럼 한결 마음이 흐뭇했다. 김 씨가 열심히 땅을 파자 얼굴이 땀으로 번들거렸다. 더운 바람이 훅훅 열기를 뿜어냈다. 김 씨가 요즘 날씨가 이렇게 더운 것은 인간이 만든 화근 때문이라고 했다. 전에는 오월이면 나뭇잎이 겨우 파릇파릇 나올 정도였으나 지금은 한여름처럼 울창한 숲으로 변했다.

"인간이 자연의 순리를 망쳐놓았으니 벌을 받는 게지."

오 씨가 얼굴에 땀을 닦으며 불평했다. 얼마 전 물난리로 산에서 흙이 내려와 가옥을 덮치고 사람이 목숨을 잃었다. 저수지 물이 범람하여 둑이 터져 애써 가꾼 농작물을 휩쓸어갔다. 기름진 농토가 순식간에 폐허로 변하고 가축들은 물속에서 고개만 내놓고 허우적대다 물속으로 사라졌다. 인간의 욕심이 불러온 재앙이 동물에까지 미친 것이다.

묘지 아래 골짜기에 집이 있었으나 폐가(廢家)가 된 지 오래인 듯 비에 한쪽 벽이 허물어져 음산했다. 텃밭은 돌보지 않아 잡풀이 무성하게 자랐다. 김 씨가 삽으로 흙을 한 삽 떠서 저만치 내던졌다. 밖으로 나온 흙은 햇살에 황금색을 드러내며 사방으로 흩어졌다. 열심히 땅을 팠다. 김 씨가 말했다.

"명당자리 같은데."

오 씨가 굽혔던 허리를 펴며 말했다.

"그나저나 얼마나 더 파야 할까, 끝이 보이지 않으니"

"조급하게 생각 말게, 곧 나타날걸세."

죽은 자가 누웠던 자리는 어김없이 검은색 흙이다. 아직도 황금색 흙이 나오는 것으로 보아 끝을 알 수 없었다. 깊이 파자 힘이 들었다.

"더 파보세."

무덤 깊이는 배꼽 위를 조금 넘은 것 같았다. 지금쯤은 사자(死者)의 모습이 나타나야 하지만 그럴 기미가 아직도 보이지 않았다.

"예전에 사람들은 왜 죽은 이를 이렇게 깊이 묻어야 했지?"

오 씨가 말했다.

"깊이 묻을수록 천당과 가깝다고 생각했겠지."

김 씨가 허리를 굽히며 말했다.

"그게 다 욕심이지, 미련한 인간들 같으니라구."

"자네는 천당에 가고 싶지 않나?"

"가고 싶네, 그 동네에도 여자가 있을까?"

"있겠지. 여자가 없는 곳은 없으니까."

두 사람의 실없는 이야기가 계속되었다. 그래야 힘이 덜 들었다. 김 씨가 삽을 땅에 꽂아놓고 손바닥으로 얼굴에 흐르는 땀을 닦으며 말했다.

"자네, 마누라와 이혼했다면서?"

오 씨가 불쾌한 표정으로 말했다.

"내가 이혼해 버렸네."

"마누라에게 차인 것이 아니고?"

"내가 그렇게 호락호락한 사람으로 보이는가?"

"순해서 그렇게 보이네."

"그나저나 이혼하면 시원할 것 같았는데 아니더군, 불편한 점이 더 많던데. 외롭기도 하고."

"여태 마누라를 잊지 못했군."

"그런 모양이야."

김 씨가 궁금한 듯이 물었다.

"혹시 마누라가 바람이 난 거야?"

"나이를 먹어도 여자 속을 모르겠던데."

"열 길 물속은 알아도 한 길 사람 속을 모른다고 했네."

오 씨 아내는 십 년이나 아래였다. 오 씨가 예순일 때 오 씨 아내는 쉰이었다. 오 씨가 체력이 한계를 느끼고 있을 때 아내의 불만이 깊어 갔다. 오 씨는 세월의 무게를 이길 수 없었다. 어느 날 아내는 사람답 게 살아보겠다며 졸혼(卒婚)을 요구했다. 외동딸을 시집보내고 나니 어 딘가 허전해 못 살겠다는 것이다. 오 씨는 어이가 없었다.

"정신 차리시게. 지금 자네 나이가 몇인가, 늦은 나이에 연애라도 하 고 싶다는 거야?"

"못할 것도 없지."

"자네도 예전 같으면 저승사자가 부를 나일세."

하고 말했으나 아내는 지금은 백세시대라며 졸혼을 하겠다는 것이 다. 남은 인생을 즐기며 살아보겠다는 것이다. 오 씨는 부부 인연을 맺 으면 검은 머리가 파뿌리 되도록 함께 살다가 다른 세상으로 가는 것 으로 알고 있었으나 아내는 달랐다. 오 씨가 물었다.

"바람이라도 난 거야?"

"바람은 무슨…. 사람답게 살고 싶다는 거지."

오 씨가 허락하지 않자 아내가 취직하겠다고 했다. 오 씨가 그 나이 에 누가 받아주기나 하느냐고 말하자 친구가 화장품 회사 영업 사원인데 도와달라는 것이다. 오 씨는 거절할 수 없어 승낙했다. 취직한 지 몇 개월 지나자 아내의 귀가 시간이 점점 늦어지더니 외박까지 했다. 오 씨가 일찍 다니라고 잔소리하면 회사 일이 바빠 어쩔 수 없다며 자기가 어떤 일을 하던 간섭하지 말라는 것이다. 시간이 가자 얼굴에 화장도 점점 짙어가고 의상도 화려하게 변해갔다. 술에 취해 밤이 늦어서 귀가했다. 오 씨는 참을 수 없었다.

"그 회사는 퇴근 시간도 없어?"

"있지, 나는 영업 사원이야. 고객 관리를 위해서 어쩔 수 없이 술도 마셔야 하고, 지금 그 나이에 질투하는 거야?"

"질투는 무슨, 주부의 본분을 지키라는 거지."

"내가 알아서 할 거야."

파묘하는 일이 없는 날은 아내 대신 오 씨가 빨래며 청소 등 집안일을 맡아서 했다. 어느 날 오 씨가 세탁물을 정리하다가 아내의 속옷에 묻은 불순물을 발견하게 되었다. 막연하게 의심만 하고 있던 오 씨는 유전자 검사를 의뢰했다. 결과는 짐작한 대로였다. 남의 것이었다. 이런 사실을 모르는 아내는 그날도 취해서 늦게 귀가했다. 오 씨가 점잖게 타일렀다.

"자네는 가정주부라는 것을 잊지 마시게."

"나를 의심하는 거야?"

"가정의 평화를 위해서일세."

"그 말은 내가 잘못하고 있다는 이야기처럼 들리잖아."

오 씨가 아무리 이야기해도 소용이 없었다. 아내는 다른 소리만 했다.

"남의 눈도 있고 하니 조심하라는 거지."

"생사람 잡는구먼. 지금 하는 걸 보면 의처증 증세야."

말다툼은 점점 격렬해졌다. 시간을 주고 예전의 아내로 돌아오기를 기다렸으나 소용이 없었다. 아내는 돌아올 기미가 없었다. 며칠 후 오 씨는 어쩔 수 없이 유전자 검사 결과를 보여 주었다. 확실한 증거 앞에 아내는 반성하기는커녕 더 화를 냈다.

"유치하게 내 뒤를 밟은 거야?"

"그런 유치한 짓은 하지 않네. 바람을 피우려면 증거를 남기지 말아야지. 오늘부로 졸혼이 아니라 이혼일세."

아내가 딸을 봐서라도 그것만은 안 된다고 사정했으나 오 씨는 못 들은 척했다. 끝이 보이지 않을 것 같은 부부 싸움은 증거물로 이렇게 막을 내렸다. 이야기를 듣고 있던 김 씨가 삽을 땅에 꽂으며 감탄했다.

"대단하시군. 물증이 없었다면 자네는 개밥에 도토리 신세가 될 뻔했어."

"당연하지, 하지만 세상은 공평하다네. 다른 남자와 재미를 봤으면 대가를 치러야지."

오 씨는 삽을 땅에 놓고 흙벽에 몸을 기댄 채 하늘을 바라보았다. 날씨는 점점 더 후덥지근했다. 해가 중천에 떠올랐다. 찜통더위를 무릅쓰고 김 씨와 오 씨는 열심히 땅을 팠다. 여전히 속살은 황금색으로 부드러웠다. 얼마를 더 팠을까, 깊이가 배꼽을 지나 가슴높이로 왔을 때였다. 황토색 흙 사이로 검은 흙이 언뜻언뜻 보이기 시작했다. 끝까지 왔다는 신호였다. 햇살이 무덤 안으로 들어오자 사람이 누울 만한 자리에 검은색 흙이 확실하게 나타났다. 김 씨가 신중한 음성으로 말했다.

"이제부터 조심하시게, 유골 한 조각이라도 허투루 해서는 안 되네. 죽은 이가 아파할 걸세."

"알겠네."

김 씨와 오 씨는 삽 대신 손가락으로 검은 흙을 조심스럽게 긁어내기 시작했다. 사자가 누웠던 형체의 모습이 드러나며 유골이 나타났다. 작은 뼈들은 이미 자연으로 돌아가고 없었다. 조심스럽게 살피자 머리뼈가 기다렸다는 듯이 나타났다. 백 년이 넘었는데도 치아를 그대로 간직하고 있었다. 하얀 치아가 햇살에 노출되어 광채가 났다. 마치 지난날 이야기를 들려주려는 것 같았다. 김 씨가 죄송한 듯이 죽은 이에게 중얼거렸다.

"서운하게 생각하지 마슈. 자손이 바쁘다면서 우리에게 모시라는 부탁을 받았으니 잘 모시도록 하겠소."

지상으로 올라온 유골은 조심스럽게 남 씨가 기다리고 있는 화덕으로 옮겨졌다. 남 씨가 화덕 밑으로 준비한 가스 불을 집어넣었다. 가스 불은 쏴-하는 요란한 소리를 내며 타오르기 시작했다. 화덕은 금세 벌겋게 색이 변했다. 얼마 후 불이 꺼지고 화덕 안에는 한 줌의 재만 남게 되었다. 소중하게 유골 가루를 긁어모으던 오 씨가 말했다.

"허망하구먼, 인간들은 백 년도 못 살면서 천년을 살 것처럼 서로 잡아먹지 못해 안달하니 말일세, 이런 모습을 보고도 그렇게 생각할까."

"인간의 탐욕이 어디 가겠는가?"

"불쌍한 인간들."

김 씨가 깊은 한숨을 쉬며 말했다.

"묘 임자가 유골을 산에다 뿌려달라고 했지만 그럴 수 없지. 저기 잘생긴 소나무 밑에 모시세. 그러면 우리 같은 인생이 불쌍해 돈벼락이라도 내려줄지 아는가."

김 씨의 말에 오 씨가 빙긋 웃었다.

"별수 없이 자네도 탐욕으로 가득한 인간이구먼."

"허허허 그런가."

해가 갈라진 구름 사이로 햇살을 뿌리고 있었다. 주춤하던 더위가 다시 시작되자 두 사람의 등줄기가 땀으로 흠뻑 젖었다. 잠시 후 유골 가루는 소나무 뿌리 쪽에 뿌려졌다.

"잘 가시오. 아드님이 오지 않더라도 원망하지 마슈. 세상인심이 그러니까."

소나무 가지에 까치 두 마리가 앉아 세 사람의 행동을 감시하듯 살피고 있었다.

지붕 없는 방

지붕 낮은 집은 학교 운동장과 어른 키보다 조금 높은 판자 울타리를 경계하고 있었다. 점심시간이 되자 광규와 정수는 판자 울타리 옹이구멍을 통해 지붕 낮은 집 안을 조심스럽게 정탐했다. 여름이었다. 문이 조금 열린 사이로 우락부락하게 생긴 흑인 병사가 입술이 빨간 여자와 함께 방에 있었다. 흑인 병사는 알 수 없는 말을 연신 쏟아내며 벙싯 웃었다. 그때마다 흑인병사의 이가 유난히 하얗게 보였다. 입술이 빨간 여자도 따라 웃어주었다. 잠시 후 곧 문이 닫히고 방안에서 무슨 일이 일어나는지 알 수 없었다. 광규와 정수는 수업 시간이 되어 아쉬운 표정으로 교실로 돌아왔다.

"오늘은 김샜다."

지붕 낮은 집 옆 공터에 트럭이 서 있는 날은 흑인 병사가 모자를 삐딱하게 쓰고 양손을 주머니에 찔러넣은 후 몸을 건들거리며 학교 앞 지붕 낮은 집 판자문을 밀치고 안으로 들어가는 모습이 보였다. 한 시간 후 흑인 병사는 휘파람을 불며 기분이 좋은 듯 지붕 낮은 집에서 나와 트럭을 몰고 경적을 요란하게 울리며 사라졌다. 어쩌다 흑인 병사가 오래 머무를 때는 재수가 없는 날이었다. 함께 있던 정수가 신경질을 부렸다.

"왜 빨리 꺼지지 않는 거야?"

"좋은 일이 있는 모양이지 머."

수업 시간이 다가와도 광규와 정수는 포기하지 않고 흑인 병사가 어서 사라지기를 애타게 기다렸다.

"조급하게 굴지 마. 이런 일은 참을성 있게 기다리는 거야, 조금 있으면 꺼질 거야."

광규는 무엇인가 다 알고 있다는 듯이 느긋하게 말했다.

"어떻게 알아?"

"기다려 봐, 틀림이 없을 거니까."

잠시 후 광규의 말처럼 흑인 병사는 방에서 나와 기분이 좋은 듯 휘파람을 불며 트럭을 몰고 사라졌다. 광규는 정수를 향해 씽긋 웃었다.

"거봐, 내 말이 맞지?"

"알았어, 어서 들어가 봐."

광규는 흑인 병사가 사라지자 조심스럽게 부엌에 들어가 여러 가지 물건을 들고 나왔다. 운이 좋은 날은 먹을 것이 많았다. 초콜릿을 비롯해 비스킷, 소시지, 그리고 알 수 없는 이상한 물건도 있었다. 입술이 빨간 여자가 광규를 위해 특별히 배려해 놓은 것 같았다. 이상한 물건은 동급생인 나이 많은 제대 군인에게 넘겨주면 돈을 주었다. 광규와 정수는 그 돈으로 빵을 사 먹었다. 광규와 정수는 흑인 병사 트럭이 지붕 낮은 집 옆 공터에 서면 신이 났다. 다음 날도 그다음 날도 광규는 종수와 함께 지붕 낮은 집 안을 정탐했다. 흑인 병사가 공터에 트럭을 세우고 지붕 낮은 집으로 들어가는 날은 신이 났다. 하루는 종수가 돈이 되는 이상한 물건에 대한 용도가 궁금해 물었다.

"너 그게 무엇에 쓰는 물건인지 알기나 하냐?"

광규가 대답했다.

"그까짓 거 알아서 뭣해."

"궁금해서 그러지."

광규가 눈을 흘겼다.

"그런 것은 몰라도 돼, 상이용사에게 돈을 받고 넘기면 그만이야."

"그건 그래, 돈이 생기면 찐빵 사 먹으면 되니까."

1950년에 시작한 한국전쟁은 계속되었다. 쉽게 끝나지 않을 것 같았다. 파죽지세로 밀고 남쪽으로 향하던 인민군은 아군의 인천상륙작전 성공으로 전선은 빠르게 북쪽으로 이동했다. 아군의 진격이 계속되자 전선과 멀리 떨어진 이 지역은 전쟁과 관계가 없는 듯이 안정되어 가고 있었다. 중학교가 문을 열었다. 중학교 수업이 시작되었다. 광규도 정수도 중학교에 들어갔다. 전쟁 중이어서 같은 학년인데도 나이가 천차만별이었다. 전투에 참전했다가 부상 당한 어린 상이용사도 있었다. 그는 어른처럼 행동했다. 상이용사는 어깨를 우쭐거리며 매일 아이들에게 아슬아슬했던 전쟁 이야기를 들려주어 인기가 좋았다. 낮이면 아군 고지가 되었다가 밤이면 적군 고지가 되기를 반복하는 동안 양쪽 병사의 죽음이 산에 가득했다는 전투 이야기를 들을 때면 아이들의 표정이 숙연해지기까지 했다. 상이용사 학생은 지붕 낮은 집 안에서 무슨 일이 일어나고 있는지 다 알고 있으면서 아이들에게 말해주지 않았다. 계속해서 물으면 귀찮다는 듯이 "너희들도 크면 알게 돼." 하고 말할 뿐이었다. 호기심만 더 키웠다. 그날도 광규가 부엌에서 가지고 나온 이상한 물건은 돈을 받고 상이용사 학생의 손에 넘어갔다.

광규는 정수와 함께 매일 옹이구멍을 통해서 지붕 낮은 집안을 정탐했다. 흑인 병사 트럭이 지붕 낮은 집 옆 공터에 서 있는 날은 광규에게 신이 나는 날이었다. 돈이 생기는 날이기 때문이었다. 어떤 날은 여자의 비명이 들릴 때도 있었다. 정수가 놀란 표정으로 말했다.

"저러다 여자가 죽는 게 아닐까?"

광규는 상관없다는 듯이 말했다.

"걱정하지 마, 잠시 후면 싸움이 끝나. 우리는 필요한 물건만 구하면 돼."

"그렇기는 하지."

어떤 날은 판자문이 잠길 때도 있었다. 이런 날은 광규와 정수는 실망했다. 고정 수입이 끊어지기 때문이었다. 그러나 기회가 아주 없어진 것은 아니었다. 어떤 날은 흑인 병사와 입술이 빨간 여자가 함께 외출할 때 문을 잠그지 않을 때가 있었다. 이런 날은 운이 좋은 날이다. 광규가 부엌에 들어가면 초콜릿, 비스킷, 소시지가 가득했다. 여전히 돈이 되는 이상한 물건도 있었다. 이런 날은 광규와 정수가 빵을 배불리 사 먹을 수 있었다.

1953년 휴전을 앞두고 한국전쟁은 더 치열하게 전개되었다. 한 뼘이라도 땅을 더 차지하기 위해서였다. 매일 아침 부상병들이 구급차에 실려 끊임없이 야전병원으로 달려왔다. 학교에서 멀지 않은 곳에 천막으로 된 야전병원이 자리 잡고 있었다. 커다란 군대 막사 위에 열십자 모양의 붉은 표시가 멀리서 보아도 병원임을 말해주었다. 어떤 날은 부상병들이 트럭에 가득 실려 지나갈 때가 있었다. 구급차를 타지 못한 부상병들이었다. 얼굴을 붕대로 감은 군인, 어떤 군인은 한쪽 다리가 트럭 밖으로 나와 흔들거리는 것으로 보아 다리에 부상 당한 것 같았다. 머리에 붕대를 감은 군인, 팔에 붕대를 감은 군인, 가슴에 붕대를 감은 군인, 한쪽 눈을 붕대로 감은 군인, 모두 참혹한 모습을 하고 있었다. 도로는 포장이 되어 있지 않아 부상병을 실은 트럭이 지나갈 때마다 뒤에 안개처럼 뿌옇게 먼지를 매달고 달렸다. 부상병을 태운 트럭은 비포장도로를 빠르게 달렸다. 전투가 치열해지자 부상자가 늘어난 듯 오고 가는 구급차 횟수도 많아졌다. 구급차는 경적을 울리며 빠르게 달렸다. 마치 경적은 살려 달라는 비명처럼 들렸다. 먼지가 사라질 때쯤이면 부상병을 실은 구급차가 사라지고 보이지 않았다. 광규는 그 길을 따라 학교에 다녔다. 학교 가는 길에서 멀지 않은 곳에 임시로 만들어진 화장터가 있었다. 매일 아침 야전병원에서 나오는 구급차가 화장터 쪽으로 향했다. 화장터는 복숭아밭이 있는 밭 한가운데 자리 잡고 있었다. 작은 시멘트 건물에 굴뚝만 하늘 높이 솟았다. 학교로 가는 아침이면 높이 솟은 굴뚝에서 검은 연기가 나와 바람에 실려 이곳까지 밀려오자 역겨운 냄새가 났다. 광규는 손으로 코를 막을 수밖에 없었다. 냄새는 손가락 사이를 비집고 코로 밀려들었다. 광규는 토할 것 같은 기분을 느끼면서도 매일 아침 이 길을 걸어서 학교에 갈 수밖에 없었다. 어떤 날은 트럭이 군인을 가득 태우고 전선으로 향했다. 그들은 태극기를 흔들며 군가를 힘차게 불렀다. 부상병을 실은 트럭이 지나갈 때면 군가를 잠깐 멈추고 트럭을 향해 거수경례를 했다. 부상병을 실은 트럭이 지나가고 나면 기다렸다는 듯이 다시 군가를 힘차게 불렀다. 광규는 전선으로 가는 군인들을 향해 손을 흔들어 주었다. 군인들도 광규를 향해 태극기를 힘차게 흔들어 주었다. 그들은 전쟁터로 가는 것을 알고 있을 텐데 죽음이 두렵지 않은 듯 사기가 높았다. 전쟁이 언제 끝날지 몰라서인지 중학교에도 군사 훈련을 가르치는 교관이 배치되었다. 훈련 시간이면 장교 계급장을 번득이며 아이들에게 엄하

지붕 없는 방

게 제식 훈련을 가르쳤다. 광규는 자기가 자라 어른이 될 때쯤이면 전쟁이 끝날 것인데 왜 이런 훈련을 받아야 하는지 의문이 들었다.

매일 큰길에는 흑인 병사 트럭이 육중한 모습을 뽐내며 빠르게 달려갔다. 짐칸에는 드럼통이 가득 실려 있었다. 흑인 병사는 광규가 지나가는 것을 보면 입술을 벌쭉거리며 웃어주었다. 하얀 이가 햇볕을 받아 반짝거렸다. 광규는 어설프게 배운 영어로 흑인 병사에게 소리쳤다.

"초코레토 기브 미!"

그러면 흑인 병사는 흰 이를 벌쭉거리며 초콜릿을 던져주었다. 광규는 매일 아침 초콜릿을 얻어먹기 위해 흑인 병사 트럭과 마주치기를 기다렸다. 운이 좋으면 흑인 병사 트럭과 만나는 날이 있었다. 흑인 병사도 광규의 마음속을 알았는지 초콜릿을 주는 것을 잊지 않았다. 휴전을 앞두고 전쟁은 치열하게 전개되었다. 큰길에는 더 많은 부상병을 실은 구급차가 빠르게 달려가고 화장터 높은 굴뚝에서는 매일 쉬지 않고 검은 연기가 하늘로 피어올랐다. 광규는 역겨운 냄새를 손바닥으로 코를 막은 채 학교에 다녔다. 광규는 어린 마음에도 이런 전쟁은 없었으면 좋겠다고 생각했다. 전쟁은 너무 무서운 것 같았다.

광규가 다니는 중학교는 임시 건물이었다. 전에 초등학교 건물이었지만 비행기 공습으로 지붕이 통째로 날아가 뼈대만 서 있었다. 인민군이 사용하다가 아군의 비행기 공습을 받고 북으로 퇴각했다는 것이다. 학생들은 지붕이 날아가고 뼈대만 서 있는 교실 터에 쌓인 흙무덤을 치우고 벽돌로 의자를 만들었다. 한쪽 벽에 칠판이 걸렸다. 교실이 만들어졌다. 하늘이 환하게 보였다. 중학교 수업이 시작되었다. 하지만 비가 오는 날에는 수업을 할 수 없었다. 학교에서 멀지 않은 곳에 전투 비행장이 있어 전투기 편대가 굉음을 내며 머리 위로 날아갈 때는 수업이 잠깐씩 멈추었다. 하루에도 몇 차례씩 비행기가 뜨고 내리는 것 같았다. 멀지 않은 곳에 항구가 있었다. 항구에는 기름을 실은 큰 배가 정박해 있었다. 흑인 병사는 배에 있는 기름을 트럭으로 비행장까지 실어 나르고 있었다.

어느 날 공부를 하고 있는데 천둥 치는 듯한 소리가 나서 하늘을 쳐다보았다. 지붕이 없는 교실 위 하늘로 은빛 나래를 번쩍이는 비행기 한 대가 빠르게 날아가고 있었다. 꼬리 쪽에서 검은 연기가 뿜어져 나왔다. 적탄에 맞은 것 같았다. 아이들이 운동장으로 뛰쳐나갔다. 전투기는 빠르게 높은 하늘에서 내려왔다. 조금 후 논에 물을 대는 저수지가 있는 곳에서 요란한 폭음과 함께 검은 연기가 하늘로 피어올랐다. 비행장을 눈앞에 두고 저수지 둑에 추락한 것이다. 광규는 연기가 피어오르는 곳으로 달려갔다. 저수지 둑에 비행기의 꼬리 부분만 보였다. 앞머리는 둑에 묻혀 있었다. 논과 밭이 있는 외진 곳이어서 다행히 인명 사고를 피했다. 군인들이 달려와 비행기를 꺼내기 위해 안간힘을 썼다. 잠시 후 땅에 박힌 비행기 동체를 꺼내 조종사를 구했지만 전사

한 후였다. 조종사가 민가(民家) 피해를 막으려고 일부러 저수지 둑에 추락했다는 이야기를 듣고 모두 가슴이 뭉클했다.

몇 개월 후 학교는 지방 유지의 도움으로 지붕이 있는 건물로 이사하게 되었다. 건물은 목재로 지어진 커다란 삼층집이었다. 일제(日帝) 때 양조장 창고로 사용하던 건물이라고 했다. 바닥이 나무판자로 깔려 있어 걸을 때마다 몸통이 틀어지는 소리를 냈다. 바닥이 꺼지지 않을까 겁이 났으나 생각보다 탄탄했다. 비가 와도 수업을 할 수 있어 좋았다. 전교생이 쓰기에 부족했지만 한 층마다 비좁게 쓸 수밖에 없었다. 쌍둥이 건물이어서 맞은편 건물은 여자중학교로 사용하게 되었다. 전쟁이 막바지로 치닫자 전선은 멀리 북쪽으로 이동하게 되었다. 따라서 야전병원도 어디론가 이사를 가버렸다. 광규는 높은 굴뚝에서 날아오는 연기가 사라지자 기분이 좋았다. 매일 검은 연기에서 나는 역겨운 냄새가 없어지자 마음이 안정되어 갔다. 광규는 즐거운 마음으로 학교에 다닐 수 있었다.

하루는 학교에 괴이한 소문이 돌았다. 그 소문은 학생들의 입을 타고 빠르게 퍼졌다. 흑인 병사가 입술이 빨간 여자와 함께 시장에 쇼핑 갔다가 허리에 찬 권총에서 실탄이 발사되어 여자의 허벅지를 관통했다는 것이었다. 부상 당한 사람은 학교 앞 지붕 낮은 집에 사는 입술이 빨간 여자라는 소문이 순식간에 퍼졌다. 권총 오발 사고로 그동안 학교에서 감추려고 애를 쓰던 지붕 낮은 집의 정체가 누구나 다 알게 되었다. 그동안 모르고 있던 학생들까지 학교 앞에 가려진 판자 울타리 너머 지붕 낮은 집의 정체를 알게 되자 더 많은 학생이 호기심이 생겨 그 집 안에서 어떤 일이 벌어지고 있는지 궁금하게 생각했다. 학생들이 수군거리자 눈치를 챈 선생님이 조회 때 간절히 부탁했다.

"지금은 전쟁 중이다. 너희들은 오직 공부에만 열중해라. 절대로 학교 앞 지붕 낮은 집 건물 안을 들여다보면 안 된다. 알겠냐?"

이런 부탁은 학생들의 호기심만 더 자극했다. 한 학생이 용감하게 손을 든 후 물었다.

"저 집에서 무슨 일이 일어나고 있습니까?"

"아무 일도 없다."

선생님이 엄격한 음성으로 대답했다.

"그럼 왜 못 보게 합니까?"

"알려고 하지 마라."

그때 상이용사 학생이 비죽 웃으며 다 알고 있다는 듯이 말했다.

"임마, 선생님이 알려고 하지 말랬잖아."

상이용사 학생은 질문한 학생에게 핀잔을 주었다. 상이용사 학생은 다른 학생들보다 나이가 많아 선생님도 그 학생에게만은 엄격한 규율을 적용하지 않았다. 상이용사 학생은 학교에서 다른 학생보다 자유로웠다. 학생들이 부러워했다.

"임마, 그렇게 부러우면 전쟁터에 나가서 싸워봐라. 전쟁이 어떤 것인지 알게 될 거야. 내 생각에는 너희들 같은 약골들은 포탄이 옆에 떨어지면 겁이 나 싸우지도 못하고 줄행랑을 칠 거야."

하고 어깨를 으쓱했다. 선생님의 적극적인 만류에도 학생들은 기회만 생기면 판자 울타리 옹이구멍을 통해서 지붕 낮은 집안을 정탐했다. 언제 지어진 건물인지 알 수 없으나 학교 담을 사이에 둔 그 집은 지붕이 낮고 함석으로 덮여 있어 지붕은 벌겋게 녹이 슬어 있었다. 전쟁 중에 그 집에는 입술이 빨간 여자 혼자 살고 있었다. 매일 흑인 병사가 드나들고 있었다. 학생들은 판자 울타리 옹이구멍으로 집안을 정탐했다. 열어 놓은 문으로 보이는 방에는 침대가 놓여 있고 방 한쪽 벽에는 커다란 거울이 붙은 화장대가 놓여 있었다. 그 옆에 유성기가 있었는데 이것이 살림살이 전부였다. 학교에서는 이 집을 금단의 구역으로 규정했다. 조회 시간이면 교장 선생님은 안경 너머로 학생들을 훑어보며 엄한 목소리로 훈시했다.

"학교 앞 지붕 낮은 집에 대해 보지도 말고 알려고도 하지 말라. 만일 훔쳐보다 발각되면 엄중한 벌이 기다리고 있다. 알겠냐?"

하지만 교장 선생님의 훈시도 학생들의 호기심을 꺾지 못했다. 학생들은 매일 판자 울타리 옹이구멍을 통해서 집안을 정탐했다. 권총 오발 사고 이후 며칠 동안은 아무 일도 일어나지 않았다. 입술이 빨간 여자는 흑인 병사가 오지 않는 날은 여유롭게 침대에 누워 유성기를 틀어 놓고 노래를 듣거나 편안하게 잠을 잤다. 학생들은 이 집에 엄청난 비밀이 숨어 있는 것 같아 기대했지만 아무 일도 일어나지 않아 실망했다.

하루는 트럭이 지붕 낮은 집 옆 공터에 멈추더니 흑인 병사가 차에서 내려 양손을 주머니에 푹 찔러 넣고 모자를 삐딱하게 쓰고 휘파람을 불며 지붕 낮은 집으로 향했다. 한 시간 후에 흑인 병사는 기분이 좋은 듯 휘파람을 불며 지붕 낮은 집에서 나오더니 트럭을 몰고 가버렸다. 잠시 후 입술이 빨간 여자가 장바구니를 들고 집을 나가는 모습이 보였다. 광규가 기다렸다는 듯이 부엌에 들어가 초코릿, 비스킷, 소시지 등 이상한 물건을 들고나왔다. 이상한 물건은 상이용사에게 돈을 받고 넘겨주었다. 상이용사는 주먹으로 혼내는 시늉을 하며 광규에게 다짐을 받았다.

"이 일은 아무에게도 말하면 안 된다."

"알았어."

"탄로 나면 그동안 주었던 돈을 다 물어내야 한다."

"알았다니까."

"좋아."

학교 옆에는 서울로 다니는 기찻길이 있었다. 하루에 네 번씩 지나갔다. 뚜-하고 기적 소리가 울리면 광규는 열심히 공부해서 서울로 유학가리라 마음먹었다. 모든 것이 예전처럼 안정되어 가고 있었다. 그날도 광규는 지붕 낮은 집 부엌에 들어가 초콜릿, 비스킷, 소시지, 그리고 이상하게 생긴 물건을 들고 나와 상이용사에게 넘겨주었다. 정수가 이상한 물건에 대해 궁금증이 생겼는지 상이용사 학생에게 용도를 물어보자 상이용사 학생은 비죽 웃었다.

"내가 알려 주지 않아도 크면 알게 될 거야."

하고 말해주지 않았다. 계속해서 조르자 어쩔 수 없는지 손가락으로 입을 막는 시늉을 하며 말했다.

"선생님에게 들켜도 나한테서 들었다고 말하면 안 된다."

"알았어."

"이건 성병을 막기 위해 남자들이 사용하는 콘돔이라는 물건이다. 너희들도 알게 될 날이 곧 올 거야. 이제 시원하냐?"

상이용사 학생은 질문한 학생의 머리를 툭 치며 말해주었다. 전쟁 중에 술집 여자들에게 성병이 유행하고 있었다. 외국 병사들은 성병을 예방하기 위해 이런 물건을 사용한다는 것도 처음으로 알게 되었다. 전선이 먼 북쪽으로 이동하면서 보급로가 멀어지자 트럭이 다니는 횟수가 더 많아졌다. 뉴스에서는 휴전을 앞두고 전투가 점점 치열해지고 있다고 보도했다. 학교에서 그리 멀지 않은 곳에 있는 비행장에서는 매일 전투기들이 편대를 이루며 하늘로 날아올라 북으로 사라졌다. 날개에 태극 무늬가 선명한 비행기가 은빛 나래를 햇살에 번득이며 날아가는 전투기도 있고 하얀 별이 그려진 시커멓고 무시무시하게 생긴 전투기가 북쪽으로 계속 날아가는 모습도 보였다. 전투가 급박한

지 전투기의 출격 횟수도 빨라졌다. 따라서 흑인 병사의 트럭도 드럼통을 가득 싣고 빠르게 도로를 질주했다. 큰길은 육중한 트럭이 지나갈 때마다 꼬리에 뿌옇게 먼지를 매달고 달렸다. 어쩌다 흑인 병사가 광규를 만나면 벌쭉 웃어줄 때는 하얀 이가 햇빛에 광채가 났다. 광규는 손을 흔들며 서툰 영어로 말했다.

"초코렛도 기부 미."

그러자 흑인 병사는 기다리고 있었다는 듯이 히쭉 웃으며 광규에게 초콜릿을 던져주었다. 몇 번 초콜릿 거래가 오고 간 후 흑인 병사와 가까워졌다. 광규는 흑인 병사를 만나지 못하는 날은 종일 서운했다. 며칠 동안 보이지 않던 흑인 병사는 휴가를 다녀왔다며 전처럼 지붕 낮은 집 옆 공터에 트럭을 세우고 모자를 머리에 삐딱하게 쓰고 양손을 주머니에 푹 찔러 넣은 후 휘파람을 불면서 지붕 낮은 집으로 들어갔다. 입술이 빨간 여자는 기다리고 있었다는 듯 반갑게 인사했다. 그날도 광규와 정수는 밖에서 흑인 병사가 나오기를 기다렸다. 얼마나 시간이 흘렀을까, 흑인 병사가 나오자 광규가 부엌에 들어가 초콜릿, 비스킷, 소시지, 이상한 물건까지 들고나왔다. 입술이 빨간 여자는 모든 것을 알고 있으면서 모른 척 했다. 흑인 병사는 길에서 광규를 보자 기분이 좋은 듯 벙글거리며 초콜릿을 광규에게 던져주었다.

"쌩큐. 내일 또 봐."

광규는 검은 연기를 꽁무니에 매달고 사라지는 트럭을 향해 손을 흔들어 주며 중얼거렸다. 흑인 병사는 광규의 말을 알아들을 수 없지만 좋은 아이라는 것을 알아차린 듯 환하게 웃어주었다. 광규도 기분이 좋았다.

학교 앞 지붕 낮은 집에 살고 있는 입술이 빨간 여자의 허벅지에 총알이 관통했다는 충격적인 권총 오발 사고가 난 후 규율이 느슨해졌던 학교에서 다시 강한 통제가 시작되었다. 그러나 통제가 오래가지 못하고 다시 느슨해졌다. 광규와 정수는 매일 판자 울타리 옹이구멍을 통해 지붕 낮은 집안을 정탐했다. 그날도 육중한 트럭이 지붕 낮은 집 옆 공터에 서더니 흑인 병사가 모자를 삐딱하게 쓰고 손을 주머니에 찔러 넣고 휘파람을 불며 지붕 낮은 집으로 들어갔다. 한 시간 후 흑인 병사가 입을 벙싯거리며 나왔다. 이런 날 흑인 병사는 광규에게 어김없이 평소보다 많은 초콜릿을 선물했다. 읍내에서 조금 떨어진 언덕진 삼거리 고개에도 똑같은 입술이 빨간 여자가 살고 있었다. 그 집은 지붕 낮은 집과 달리 작은 초가집이었다. 광규가 학교로 가는 길가였다. 한번은 그 집에서 흑인 병사와 입술이 빨간 여자가 심하게 다투는 소리가 들렸다. 화대(花代) 문제로 말다툼이 벌어졌다. 흑인 병사는 입술이 빨간 여자가 화대를 요구한 대로 주지 않은 것 같았다.

"화대도 깎냐? 병신!"

"왓?"

입술이 빨간 여자가 입에 거품을 물었다.

"벼룩의 간을 빼먹어라."

"벼룩이?"

그러나 흑인 병사는 무슨 말인지 알아듣지 못하고 멍하게 있자 입술이 빨간 여자가 먼저 단념하고 말았다.

"오늘은 내가 봐줬다. 앞으로는 절대 안 된다. 기분이 나쁘기 전에서 꺼져라! 다음부터 화대를 깎으면 뽑아버린다. 오케이?" 하고 손으로 꺼지라는 시늉을 했다. 흑인 병사는 히죽 웃으며 '써리'를 연발하며 초가집을 나와 트럭을 몰고 사라졌다. 입술이 빨간 여자가 소리쳤다.

"다음에는 돈을 많이 가져와라!"

그날은 입술이 빨간 여자는 인자한 누나의 모습이 아니었다. 지금까지 화난 얼굴을 한 번도 보지 못했으나 그날은 입술이 빨간 여자가 광규 일행을 향해 큰 소리로 말했다.

"짜식들아! 무슨 구경났냐! 빨리 가서 공부해라."

광규 일행은 쫓기듯 학교에 갔다. 이런 날은 이상하게 재수가 없었다. 선생님에게 야단맞던지 친구들과 싸우는 일이 벌어졌다. 매일 학교 앞 지붕 낮은 집 옆 공터에는 변함없이 흑인 병사 트럭이 서 있었다. 광규와 정수는 쉬는 시간이면 판자 울타리 옹이구멍을 통해서 집 안을 정탐하는 일을 계속했다. 광규와 정수는 집 안에서 무슨 짓을 하더라도 상관하지 않았다. 목적은 돈이 되는 물건을 많이 구하는 것뿐이었다. 하루는 지붕 낮은 집 부엌에 들어갔다가 흑인 병사에게 들키고 말았다. 광규가 겁을 먹었지만 침착하게 웃으며 수작을 걸었다.

"미안해, 나 광규다. 유아 네임 이스."

하자 흑인 병사의 굳었던 얼굴이 의외로 순해졌다.

"토니."

그날은 흑인 병사가 기분이 좋은 듯했다. 마음이 풀린 듯 그날부터 토니와 친구가 되었다. 어떤 날은 삼거리 초가집 앞에서 나오는 토니의 트럭을 만날 수 있었다. 광규는 반가워 손을 흔들어 주었다. 토니는 옆에 광규를 태우고 학교 앞까지 데려다주었다. 어떤 날은 광규와 정수가 달리는 트럭 뒤에 매달려가기도 했다. 달리는 트럭에 매달려가는 것은 긴장되면서도 재미있었다. 위험도 따랐다. 토니는 아이들이 차에 매달려 있는 줄을 모른 채 비포장도로를 흙먼지를 일으키며 달렸다. 그때 차바퀴 한쪽이 움푹 파인 곳에 빠지면서 덜컹 하는 바람에 트럭에 매달려가던 정수가 땅에 떨어져 팽이처럼 몇 바퀴 돌았다. 신기하게 부상 당하지 않았다. 광규가 트럭을 향해 "스톱." 하고 소리치자 놀란 토니가 차를 세우고 화를 냈다. 광규는 "써리."를 연발하며 웃어주었다. 토니도 사과하는 데는 어쩔 수 없는지 따라 웃었다. 이후부터 토니의 트럭은 광규의 유일한 교통수단이 되었다. 십오 리를 걸어 학교에 가야 하지만 토니 때문에 몇 달은 쉽게 학교에 다닐 수 있었다.

어느 날 선생님에게 모든 비밀이 탄로 나고 말았다. 누군가 질투로 선생님에게 고자질한 것이 확실했다. 수업 시간이었다.

"오늘 금단의 집에 들어갔다가 나온 놈이 누구냐?"

하고 선생님이 다그쳤다. 아무도 나서는 아이가 없었다. 모두 입을 닫고 선생님의 눈치만 살폈다.

"솔직하게 말하면 용서하겠다. 안 나오면 모두 기합이다."

아이들의 시선이 일제히 광규를 향했다. 광규는 어쩔 수 없이 자리에서 일어났다.

"접니다."

"선생님이 안 된다고 했지?"

"네."

"이번은 약속대로 용서한다. 다시는 그런 짓을 하지 마라."

"알겠습니다."

이런 부탁도 소용이 없었다. 어떤 엄한 이야기도 학생들의 호기심을 꺾을 수 없었다. 학생들은 수업 시간이 끝나기를 기다려 지붕 낮은 집 옆 공터에 트럭이 정차해 있으면 귀신에 홀린 듯 판자 울타리 옹이구멍을 향해 달려갔다. 판자 울타리 옹이구멍을 먼저 차지하기 위해 결사적으로 달려들었다. 어떤 날은 아이들이 옹이구멍을 통해서 바라보는 방안 풍경은 자기들이 모르는 세상이었다. 입술이 빨간 여자가 실신할 때도 있었다. 방안을 살피고 있던 한 아이가 흥분해서 말했다.

"이건 수치야, 너희들은 괜찮냐?"

"안 괜찮다."

"어쩌면 여자가 죽을지도 몰라!"

"걱정하지 마, 아무 일도 없을 테니까."

입술이 빨간 여자는 조금 후 잠에서 깨어나듯 부스스 일어나 흑인 병사에게 빙긋 미소를 지어 보였다. 광규도 정수도 안심했다. 흑인 병사가 입술이 빨간 여자를 향해 웃어주었다. 상이용사 학생이 말했다.

"너희들도 크면 알게 돼."

상이용사는 다 알고 있는 듯한 표정이었다. 사고는 비가 내리는 날에 일어나고 말았다. 비가 내려도 학생들의 호기심은 여전했다. 비가 오는 날도 학생들은 옹이구멍을 찾아서 모여들었다. 서로 좋은 자리를 차지하기 위해 신경전을 벌였다. 학생들이 많으면 남의 등을 타고 정탐했다. 그날 정탐하는 도중에 제일 밑에 있는 학생이 중심을 잃고 넘어지자 위에 있던 학생들이 흙더미처럼 와르르 무너지고 말았다. 순간 오래된 판자 울타리는 학생들의 힘에 밀려 힘없이 앞으로 넘어졌다. 울타리가 급작스럽게 우지직 소리를 내며 넘어지자 놀란 흑인 병사가 권총을 집어 들었다. 두 눈을 부릅뜨고 학생들을 향해 총을 겨누었다. 입술이 빨간 여자가 놀라 다급하게 소리쳤다.

"노, 안 돼!"

입술이 빨간 여자가 흑인 병사의 앞을 막아서며 무엇이라고 열심히 설득하는 것 같았다. 잠시 후 험악한 분위기가 가라앉았다. 흑인 병사는 투덜거리며 바지를 다리에 꿰고 불만스러운 얼굴로 트럭을 몰고 사라졌다. 입술이 빨간 여자는 머뭇거리는 학생들에게 빨리 교실로 들어가라고 말했다. 학생들은 쫓기듯 서둘러 교실로 돌아왔다. 학생들은 물에 빠진 병아리 모습이었다. 광규도 정수도 얼굴이 사색이 되었다. 교실로 돌아온 학생들은 가슴을 벌렁거리며 혹시 선생님으로부터 불호령이 떨어지지 않을까 겁을 먹고 있었다. 국어 시간이었다. 선생님이 들어오셨다. 선생님은 아무것도 모르는 듯 책을 펴들었다. 정말 모르는 것일까. 아이들은 마음이 초조했다.

"오늘은 시(詩) 공부다. 한용운 님의 '님의 침묵'이다. 광규 학생, 시를 낭송해 봐."

긴장하고 있던 광규가 얼떨결에 자리에서 일어났다. 그리고 더듬더듬 시를 읽어 내려갔다. 음성이 떨렸다.

님의 침묵'

한용운

님은 갔습니다. 아아 나의 사랑하는 님은 갔습니다.

푸른 산빛을 깨치고 단풍나무 숲을 향하여 난 작은 길을 걸어서 참아 떨치고 갔습니다.

여기까지 읽었을 때 교실 문이 드르륵 열리며 머리가 부스스한 여자가 나타났다. 여자의 입술에 핏기가 없었다. 여자는 빨간 립스틱도 바르지 않았다. 보통 때는 짧은 치마에 노출이 심한 옷을 입고 있었으나 그날 여자는 긴 바지를 입고 있었다. 핏기 없는 하얀 얼굴에 인자함과 근엄함이 교차하며 지나갔다. 입술이 하얀 여자는 선생님에게 몇 마디 말을 주고받더니 교탁 위에 올라서서 학생들을 좍 훑어보았다. 순간 광규는 불안했다. 쥐구멍이라도 있으면 들어가고 싶은 심정이었다. 무슨 말이 나올지 몰라 학생들이 숨을 죽였다. 입술이 하얀 여자의 처분만 기다릴 수밖에 없었다. 학생들을 둘러보던 입술이 하얀 여자는 눈에 눈물이 글썽거렸다. 학생들은 어리둥절했다. 그때 입술이 하얀 여자는 차분하면서도 무겁게 입을 열었다.

"학생 여러분, 제 얼굴을 똑똑히 보세요. 제 얼굴이 누구 닮았죠? 여러분의 어머니, 이모, 누나 닮지 않았나요? 나는 피난 중에 가족 모두 잃고 동생하고 둘이 살고 있습니다. 남동생도 여러분들과 같은 중학생입니다. 동생은 제가 무슨 일을 하고 있는지 모릅니다. 나는 지금 힘들고 어려운 고생을 해도 희망이 있다고 생각합니다. 왜 그런지 아세요? 여러분이 있기 때문입니다. 여러분은 우리의 희망입니다. 지금은 전쟁 중입니다. 여러분은 한눈을 팔 시간이 없습니다. 열심히 공부해야 합니다. 우리도 부지런히 돈을 벌어 여러분을 뒷바라지할 것입니다. 거리에 나가 보세요. 헐벗고 굶주린 우리의 아버지 어머니들이 땀을 흘리며 열심히 일하고 있습니다. 잘 살기 위해서입니다. 두 번 다시 이 땅에 죄 없는 백성이 전쟁 때문에 배가 고프고 죽어가는 일은 없어야 합니다. 그러기 위해서는 돈이 있어야 합니다. 앞으로 여러분이 우리나라를 부자나라로 만들어 줄 것이라고 믿고 있습니다. 열심히 공부해 주세요. 부탁합니다."

입술이 하얀 여자는 말을 마치고 무거운 발걸음으로 돌아갔다. 광규도 정수도 얼굴이 붉어졌다. 부끄러웠다. 한참 동안 침묵이 흘렀다. 입술이 하얀 여자의 모습이 사라질 때까지 뒷모습을 바라보고 있었다. 선생님은 멍하니 창문을 통해 비가 내리는 하늘을 바라보며 한숨을 토했다. 이후부터 광규와 정수는 흑인 병사의 트럭이 지붕 낮은 집 옆 공터에 서 있어도 판자 울타리 옹이구멍을 통해서 지붕 낮은 집안을 정탐하는 일이 없었다. 상이용사가 돈을 많이 준다고 꼬셔도 소용이 없었다.

1953년 7월, 전쟁이 끝나고 휴전이 되었다. 며칠 후 입술이 빨간 여자는 작은 가방 하나 들고 지붕 낮은 집을 떠나는 모습이 보였다. 그날은 입술에 빨간 립스틱을 바르지 않았다. 입술이 하얀 여자는 학교를 돌아보며 학생들에게 손을 흔들어 주었다. 광규도 정수도 창문에 매달려 입술이 하얀 여자의 모습이 보이지 않을 때까지 손을 흔들어 주었다.

괴이한 사건의 종말

쑥골은 일흔을 넘긴 노인들만 남아 땅을 지키며 농사일을 하고 있다. 남은 노인들마저 세상을 떠나면 쑥골은 버려진 땅이 될 것이다. 농촌은 빠르게 쇠락해 가고 있다. 젊은이들은 돈을 찾아 도시로 떠난 지 오래다. 일손이 모자라 버려진 농토는 잡풀이 무성하게 자라 쓸모없는 땅으로 변해가고 있다. 사람이 떠난 폐가(廢家)는 흉물스러운 모습으로 남아 있다. 티브이에서는 멀지 않은 장래에 인구 소멸로 지방 도시가 사라질 것이라는 예언을 하고 있다. 그 증후가 농촌 곳곳에서 나타나고 있다. 경숙은 쑥골에 남아 있는 유일한 젊은 사람이다. 경숙은 오늘도 어머니와 함께 밭에 일하러 나갔으나 일할 생각은 하지 않고 밭에 주저앉아 넋이 나간 사람처럼 하늘만 바라보고 있다. 하늘에는 흰 구름이 바람에 실려 정처 없이 흘러가고 있다. 경숙은 너희들은 거칠 것이 없이 가고 싶은 곳으로 마음대로 떠다닐 수 있으니 좋겠구나, 하고 중얼거렸다. 숲속에서는 산 새들이 아름다운 목소리로 재잘거리고 바람은 싱그러운 숲 냄새와 함께 부드럽게 불어왔다. 어머니는 일은 하지 않고 넋을 놓고 하늘만 바라보고 있는 경숙이를 보자 가슴속이 터지는 모양이었다.

"자식아, 너는 일할 생각을 하지 않고 뭘 하는 거여?"

그러자 경숙은 기다리고 있었다는 듯이 말했다.

"엄마, 농사일을 안 하면 굶어 죽어?"

"뭔 소리 하는 거여, 농사꾼이 농사일하기 싫으면 밥을 굶어야지."

"그게 말이 돼? 지금은 먹을 것이 남아돌잖아."

"일하지 않는 자는 먹지도 말랬어, 성인의 말씀이야, 배운 것이 그것도 모르냐?"

경숙은 어머니의 말이 귀에 들어오지 않았다. 머릿속에는 온통 이종사촌 언니의 목소리로 가득 차 있었다. 며칠 전 서울에 있는 이종사촌 언니로부터 전화를 받았다. '너 아직도 촌구석에서 농사일만 하냐? 이것아, 정신 차려라, 지금이 어떤 세상이냐, 너 그렇게 땅만 파다 나중에 쪽박 찬다. 어서 때려치우고 서울로 오너라.'며칠 전 경숙은 이종사촌 언니로부터 이런 전화를 받고 농사일하는 것이 죽기보다 더 싫었다. 농사일이란 아무리 해도 힘만 들고 돈이 생기지 않는다. 이런 농사일을 왜 등뼈가 휘도록 하는지 경숙은 의문이 들었다. 농사일이란 일년 열두 달 열심히 해도 끝이 없다. 경숙은 오늘도 김매러 밭으로 나오기는 했으나 일하기가 싫었다. 밭고랑에 넋을 놓고 앉아 있으려니

지붕 없는 방

이종사촌 언니의 음성이 귓가에 쟁쟁했다.

"농사일 아무리 해봐라, 골만 빠지지. 너 그러다 시집도 못 간다."

봄이 오자 경숙의 마음이 더욱 들떴다. 산과 들에 꽃이 피어 꽃만 바라봐도 마음이 싱숭생숭했다. 몇 년 전 이종사촌 언니는 농사일이 싫어 서울로 돈 벌러 간다며 무작정 가출했다. 아버지 어머니 모르게 집을 나간 것이다. 미리 말하면 가지 못하게 붙잡을 것이 뻔하기 때문이었다. 그렇게 떠난 이종사촌 언니는 몇 년간 소식이 뚝 끊어졌다. 집안에서는 틀림없이 객지에서 무슨 일을 당해 지금까지 소식이 없을 것이라고 걱정했다. 그런 이종사촌 언니로부터 며칠 전 경숙이에게 전화해서 일자리가 있으니 빨리 서울로 오라고 연락이 온 것이다.

"일자리가 있으니 빨리 서울로 오너라."

"정말이야?"

"비싼 밥을 먹고 내가 헛소리라도 한다는 거냐?"

이종사촌 언니가 큰소리쳤다. 허풍 같지는 않았다.

"여태 소식도 없어서…."

"잘 들어라. 그동안 전화 못 한 것은 바빠서 그랬다. 도시 생활이란 본시 눈코 뜰 새 없이 바쁘다. 돈을 벌려면 그런 각오는 해야지. 농촌이란 일만 죽도록 하고 돈이 생기지 않는다는 거 너도 뻔히 알잖아. 내가 너를 특별히 생각해서 전화하는 거니까 알아서 해라."

"부럽네."

경숙은 이런 전화를 받은 후 처음으로 농사일하다가 흙 속에 파묻혀 죽을 수 없다고 결심했다. 이미 마음은 서울에 가 있으니 밭일이 제대로 될 리 없었다. 어머니는 경숙의 이런 마음을 모르고 봄바람이 살랑거리니 마음이 들떠 그러는 줄 알고 야단쳤다.

"자식아, 너도 봄 타냐?"

"엄마."

"일하기 싫으면 밥을 먹지 말아야지."

경숙이 입을 비쭉거리며 말했다.

"지금 세상에 밥 못 먹는 사람도 있어? 라면이라도 먹으면 되잖아."

경숙은 일밖에 모르는 어머니에게 이종사촌 언니의 이야기를 꺼내지 못하고 마음속으로 끙끙 앓고 있었다. 마음이 콩밭에 가 있으니 일이 손에 잡히지 않았다. 요즘 경숙은 일터에 나가면 넋이 나간 사람처럼 멍하니 하늘을 쳐다보기도 하고 한숨도 푹푹 쉬며 헛소리하듯 혼자 중얼거리기도 했다. 이 꼴을 보고 있는 어머니는 일은 하지 않고 정신을 어디다 팔고 있느냐고 야단쳐도 소용이 없었다. 경숙은 생각 끝에 어머니에게 슬쩍 마음을 떠보기로 했다.

"엄마, 농사일해서 어느 천년에 돈을 벌 건데?"

"자식아, 누군 농사일이 좋아서 하는 거냐? 먹고살려니 어쩔 수 없이 하는 거지."

"돈을 언제 벌어서 나를 시집보낼 건데?"

"너는 일은 하지 않고 시집갈 생각부터 하냐? 시집갈 생각이 있으면 일이나 열심히 해라."

"일 안 하면 시집 안 보낼 거야?"

"당연하지, 돈이 있어야 시집이고 뭐고 보낼 것 아냐."

어머니는 딸의 철없는 말을 듣고 한숨을 쉬었다. 열아홉 살 먹은 자식이니 아직 철이 없어 그러려니 하지만 어미 속을 너무 모르는 것 같아 답답했다. 저것이 언제 철이 들어 이 어미 속을 알아주려나, 하고 걱정이 태산 같은데 지금도 자식은 밭에 일하러 와서 일은 하지 않고 어미 속만 박박 긁어 놓는 것이 취미인 것 같았다.

"정말 일하기 싫은 거야?"

"응, 싫어."

경숙은 지금이 기회라고 생각하고 이종사촌 언니 이야기를 꺼냈다.

"언니가 서울로 돈을 벌러 오라는데?"

"그렇지, 뭔가 있다고 의심을 했으나 혜영이가 바람을 넣을 줄은 몰랐다. 여태 소식도 없더니 무슨 바람이 불어 연락을 했대?"

"언니가 사장이라는데."

"사장이 무슨 애 이름이여! 농사일이 싫어 도망간 년이 사장은 무슨 …"

말도 안 되는 이야기를 하지 말라는 것이다.

"진짜 돈을 잘 번다는데."

"일이 싫어 도망간 것들의 이야기는 콩으로 메주를 쑨다고 해도 못 믿어."

어머니는 일손이 모자라 신경이 곤두서 있는데 불난 집에 부채질이라도 할 요량이냐며 화를 버럭 냈다. 농촌 사정을 누구보다도 잘 알고 있을 혜영이가 바람을 넣었다니 괘씸한 생각이 들었다. 언니가 되어 남보다 못하다고 말했다. 아버지는 술을 너무 좋아해 오 년 전에 간암으로 세상을 떠났다. 어머니가 술을 먹지 못하게 사정해도 아버지는 술이 없는 세상은 살맛이 나지 않는다며 술을 계속 마셨다. 어머니가 그러다 제명에 죽지 못할 거라고 말하면 아버지는 제명에 죽지 못하더라도 술은 끊을 수 없다고 말했다. 아버지 소원대로 되었다. 간암으로 세상을 떠난 것이다. 가족들은 아버지의 죽음이 술 때문이라고 믿었다. 이후 어머니는 어린 경숙에게 희망을 걸고 열심히 일했다. 그런 자식이 자라더니 어머니를 나 몰라라 하고 이제는 돈 벌러 도시로 떠나겠다니 공든 탑이 무너지는 심정이었다.

"꼭 가야 하겠냐?"

"나도 남들처럼 돈을 많이 벌어 어머니를 호강시켜 드리고 싶어."

"나는 호강하는 것도 싫다. 그리고 돈 벌기 그렇게 만만한 한 줄 아냐? 며칠 생각해 보자."

어머니의 마음이 조금 열리는 것 같았다.

"엄마, 열심히 일할게."

지붕 없는 방

"망할 것."

그날은 경숙이 열심히 밭에서 일하는 모습을 보여주자 어머니는 한숨을 쉬었다. 딸이 측은해 보이기까지 했다.

"망할 것, 내가 네 마음속을 모를 줄 아냐?"

"앞으로 효녀가 될 거야."

"효녀가 안 돼도 좋으니 어미 속이나 썩이지 말아라."

며칠 후 어머니는 승낙할 뜻을 슬쩍 내 비추었다. 경숙은 은근히 기뻐했다. 경숙은 세상에 태어났으니 넓은 도시에 나가면 해 보고 싶은 일을 마음껏 해 보고 싶었다. 돈도 벌고 연애도 하고 싶었다. 도시에 나가면 금세 모든 것이 다 이루어질 것 같았다. 며칠 후 이종사촌 언니로부터 또 전화가 왔다. 아직도 결정을 못 내렸느냐며 빨리 오라고 성화였다. 언니는 오고 안 오고는 네 자유지만 분명히 알아 둘 것은 농촌에서는 좋은 남편감을 구하기 힘들 뿐만 아니라 결혼해서 아이를 낳아도 공부시키기 어렵다는 것을 특별히 강조했다. 자식 공부시키기 위해서라도 서울로 빨리 와서 자리를 잡아야 한다는 것이다. 시간이 늦을수록 그만큼 손해라는 것이다. 이종사촌 언니는 카페를 운영하고 있으며 일손이 모자라 남을 쓰고 있는데 네가 와서 일을 도와주면 너는 돈 벌어 좋고 자기는 직원을 믿을 수 있어 좋겠다는 것이다. 누이 좋고 매부 좋은 것이 아니냐고 강조했다. 어차피 인건비를 다른 사람에게 주느니 너에게 주는 것이 좋겠다는 생각이 들어 특별히 전화

한다고 강조했다. 이종사촌 언니의 말이 뜬구름 잡는 이야기가 아니라며 어머니에게 사정했다.

"언니가 되어 내게 거짓말을 하겠어?"

하자 어머니는

"자식아, 송충이는 솔잎을 먹어야지 갈잎은 먹으면 못사는 법이다."

"요즘은 송충이도 갈잎을 먹고 잘 사는 시대라는 거 왜 몰라. 세상이 변했다는 거지."

그러면서 경숙은 어머니에게 딸을 시골에서 썩게 놔두는 것이 좋으냐는 둥, 아버지 같으면 군말하지 않고 승낙했을 것이라는 둥, 이웃 동네 순자도 서울에 가서 돈을 잘 번다는 둥, 남들은 취직하려고 서울로 가지 못해 안달인데 취직자리가 있어 오라는 데도 왜 반대하느냐며 일장 연설을 늘어놓은 후 어느 쪽이 자식의 행복을 위한 길인지 잘 생각해 보고 빨리 결정해 달라고 말했다. 어머니는 딸의 말이 협박처럼 들렸다.

"대놓고 협박하는구먼. 생각해 보자."

"언제까지 생각하는데?"

"나쁜 자식, 얼굴을 보니 금세 도망이라도 갈 것 같구나."

경숙은 단호하게 말했다.

"나는 그런 나쁜 짓은 하지 않겠어. 나쁜 짓 하기 전에 결정을 내려 달라는 거지."

이후에도 경숙은 밭에 일하러 나가기만 하면 밭고랑에 쭈그리고 앉아 땅이 꺼질 듯한 한숨만 푹푹 쉬었다. 오늘도 밭에 일하러 나왔으나 마음이 답답해 하늘에 떠다니는 구름을 보고 부러워하고 공중에 날아다니는 새를 보고 부러워했다. 딸의 이런 모습을 보고 있노라니 어머니도 가슴이 답답한 모양이었다.

"이년아, 나는 너의 아버지와 숟가락만 가지고 살림난 후 지금까지 골이 빠지게 일만 했다. 이만큼 살 수 있는 것도 열심히 일한 덕이다. 어미가 불쌍하지도 않냐?"

"또 옛날이야기, 불쌍하지, 내가 서울 가서 돈을 왕창 벌어 고생하시는 어머니를 호강시켜 드리려고 하는 거잖아."

"호강은 무슨, 나는 네가 좋은 남편 만나 자식 낳고 오순도순 사는 것을 보면 그것이 나를 행복하게 하는 거야."

"자식을 위해서라도 빨리 결정을 내려 줘."

경숙이는 밤에 어머니의 잠자는 모습을 보고 있으면 안 되었다는 생각이 들었다. 그런 어머니를 혼자 놔두고 서울 간다는 게 마음에 걸렸다. 허리는 굽고 손은 갈퀴처럼 구부러지고 밤이 되면 어구구 허리야, 다리야 하고 죽는 소리를 내다가도 날이 밝으면 간밤에 아픈 것을 다 잊은 듯 일터로 나가는 모습을 보면 마음이 무거웠다. 그러나 세상에 자식 이기는 부모는 없다. 며칠 후 어머니의 마음에 결심이 선 모양이었다.

"날고 기는 사람도 도시에 나가면 살아가기 힘이 든다는데 너 같은 촌것이 도시에 가서 어떻게 살겠다는 거야? 도시에는 사람을 잡아먹는 늑대가 득실댄다는데. 돈이 많다고 금으로 밥을 해 먹을 것도 아니잖아. 사람 산다는 게 거기서 거기다. 너무 돈에 욕심부리지 말아라."

"그 정도는 나도 알고 있어,"

"알면서 떼를 쓰는 거야?"

"나도 세상에 태어났으니 남부럽지 않게 살아보려는 거지."

"망할 것."

어머니는 손을 들고 말았다.

"내가 졌다. 네 결심이 그렇다면 나도 더 붙들지 않겠다. 대신 도시 생활이 힘이 들면 언제라도 고향으로 와야 한다. 고향은 어미 품속 같아서 언제 와도 받아 줄 거야."

"고마워."

"고집으로 어미의 마음을 꺾으니 속이 시원하냐?"

"그런 법이 어디 있어. 이게 다 어머니 호강시켜 드리기 위해서지."

"내 걱정은 말고 네 앞날이나 걱정해라."

행여 도시 생활에 실망하여 다른 마음을 먹을지 몰라 어려운 일이 생기면 언제든지 돌아오라고 몇 번이고 당부했다. 지금 세상은 일 때문에 자살하거나 우울증에 빠지는 젊은 사람들이 많아 걱정되었다. 경숙은 어머니의 승낙을 받자 그동안 가졌던 어머니에 대한 원망이 눈 녹듯이 사라졌다.

경숙은 복숭아꽃이 흐드러지게 피는 봄날 작은 여행용 가방 하나 들고 부푼 꿈을 안고 서울로 길을 떠나게 되었다. 막상 고향을 떠나려 하니 그동안 힘들게 일하며 가꾼 농토가 다시 보였다. 밭에는 보리 순이 파릇파릇 자라고 있었다. 봄바람이 살랑거리자 푸른 보리 순이 파도처럼 일렁거렸다. 싱그럽고 풋풋한 냄새가 코로 스며들었다. 보리밭을 지나고 밀밭을 지나갔다. 막상 살던 곳을 떠난다고 생각하니 서운한 생각이 들었다. 경숙이 마을을 지나가자 사람들이 밭에서 일하다가 허리를 펴고 손을 흔들어 주었다. 경숙이 마을을 떠난다는 소문이 난 모양이었다. 마을 입구 덕순 할머니에게 인사차 들렀을 때 덕순 할머니는 몹시 서운한 모양이었다.

"경숙이마저 떠나면 마을에는 젊은 사람이 없어 텅 빈 것 같겠구먼."

경숙은 쑥골에 마지막 남은 젊은 사람이었기 때문이었다. 경숙이도 가슴이 메었다.

"걱정하지 마세요. 돈을 벌면 다시 올 거예요."

"모두 그렇게 말을 하고 떠난다네. 그러나 한번 떠나면 다시 돌아오는 사람을 못 봤구먼."

덕순 할머니는 고향을 떠날 때는 다 그렇게 말을 하지만 그 약속을 지키는 사람을 지금까지 보지 못했다는 것이다. 한번 떠나면 돌아오지 않았다. 경숙이도 쑥골을 떠나면서 그렇게 말하지만 믿을 수 없다는 것이다. 덕순 할머니는 서운한지 몇 번이고 당부했다.

"자네라도 돌아오기를 믿네. 자네 뿌리는 이 쑥골일세. 행여 못 오는 일이 있더라도 쑥골을 잊어서는 안 되네."

"염려하지 마세요, 돈을 벌면 고향에 꼭 와서 살 겁니다."

"말이라도 그렇게 해주니 고맙구먼."

지금까지 도시로 떠난 사람들은 부모가 살아 있을 때는 몇 번 고향에 들락날락하다가 부모가 세상을 떠나면 기다렸다는 듯이 농토를 몽땅 처분하고 아주 고향을 떠났다. 쑥골도 한때는 이십여 가구가 옹기종기 사이좋게 모여 살던 큰 동네였지만 이제는 빈집이 더 많다. 사람이 살지 않으니 집은 폐가가 되어 벽이 무너지고 지붕이 내려앉아 을씨년스러운 모습을 하고 있었다. 밤이면 귀신이라도 나올 것처럼 음산하기까지 했다. 한때 농토가 없어 농사를 짓지 못하던 시절도 있었으나 이제는 일손이 없어 농토가 묵어서 잡풀만 무성하게 자라고 있는 형편이다. 쑥골은 사람이 없으니 점점 더 적막강산으로 변해갔다.

경숙은 덕순 할머니와 이별하고 떠나려니 발길이 떨어지지 않는 모양이었다. 돈을 벌면 고향을 잊지 않고 찾아오겠다고 마음속으로 몇 번이고 다짐했다. 자기는 다른 사람과 다르다고 했다. 마을이 멀어지자 마음이 뭉클했다. 덕순 할머니가 집 앞에서 보이지 않을 때까지 손을 흔들어 주었다. 경숙이도 손을 흔들었다. 까치들도 이 나무 저 나무 옮겨 다니며 울고 있다. 오늘은 까치의 울음소리가 처량하게 들렸다. 참새들도 경숙이가 마을을 떠나는 것이 아쉬운 듯 쩍쩍거렸다. 떠나지 말라고 만류하는 것 같았다. 경숙은 속으로 나도 너희들과 같이 고향에서 오래 살고 싶으나 더 큰 희망을 찾아 떠나니 축하해 주려무나, 하고 중얼거렸다. 농사를 지을 때는 나무도 새들도 다 가까운 친구였다. 경숙은 오늘 막상 이런 친구들과 이별하려 하니 마음이 울적했다. '너희들도 잘 있어라. 내가 떠나는 것이 싫은 모양이지만 어쩔 수 없단다. 내가 돈을 많이 벌어 다시 고향에 찾아오면 그때도 반가워해 다오.' 하고 경숙은 나무에도 새들에게도 손을 흔들어 주었다.

경숙은 서울로 가는 버스를 탔다. 차창에 얼굴을 문지르며 멀어져 가는 고향 땅을 바라보았다. 밭에서 일하던 일꾼들이 허리를 펴고 버스를 향해 손을 흔들어 주었다. 경숙은 속으로 다시 만날 때까지 모두 잘 계셔요. 하고 몇 번이고 마음속으로 인사했다. 산을 넘고 강을 건너고 들을 지나 세 시간 달려 서울 강남 고속버스터미널에 도착했다. 차에서 내려 잠시 사방을 둘러보았으나 큰 빌딩이 앞을 막고 있어 동서남북을 구분할 수 없었다. 농촌은 사람들이 없어 텅텅 빈 것 같은데 서울에는 거리마다 사람들로 넘쳐나고 있었다. 언니로부터 주소를 받기는 했으나 어느 쪽으로 가야 할지 방향을 알 수 없었다. 어렸을 때 아버지 따라 서울에 몇 번 와 본 적은 있으나 많이 변해 어디가 어딘지 분간할 수 없었다. 경숙은 사방을 이리저리 살피다가 옆에 서 있는 정장을 한 중년 남자에게 길을 물었다.

"월계동으로 가는 차는 어디서 타지요?"

하자 남자가 고개를 돌리더니 경숙을 바라보았다.

"어디서 오는 길이쇼?"

"강원도 쑥골이요."

"쑥골이라. 서울이 처음이쇼?"

남자는 정장 차림을 하고 있어 점잖게 보였다. 키가 크고 얼굴이 잘 생긴 데다 웃을 때마다 하얀 이가 고르게 보였다. 햇볕을 구경 못 한 탓인지 얼굴에 핏기가 없었다. 경숙은 햇볕에 탄 농부들의 얼굴만 보다가 이런 사람들의 얼굴을 보자 도시 사람들은 다 그런 모양이라고 생각하고 볕에 탄 자기의 얼굴이 부끄럽기까지 했다.

"아버지 따라 두 번 온 적은 있지만 올 때마다 변해 어디가 어딘지 잘 모르겠어요."

남자는 당연하다는 듯이 말했다.

"도시는 원래 그런 곳이오. 나도 서울에 살고 있지만 자고 나면 새 건물이 하나씩 생기니까 당황스러울 때가 많소. 찾는 주소를 알고 있소?"

경숙은 주머니에서 쪽지를 꺼내어 보여주었다. 남자는 쪽지에 적은 주소를 한참 보더니 빙긋 웃었다.

"월계동 파리 카페라."

"언니가 사장님으로 계신대요."

"걱정하지 마시오. 당신은 운이 좋은 사람이오. 그곳은 내가 다니는 단골집이오."

"어머, 그러세요?"

"그렇소. 나를 만났으니 다행이오."

경숙은 고향 사람을 만난 듯이 반가웠다. 도시 전체가 빌딩 숲으로 한번 빠지면 헤어 나올 수 없는 커다란 수렁 속처럼 보였다. 어머니의 말씀이 떠올랐다. 도시에는 사람을 잡아먹는 늑대가 있다고 하지 않았는가. 고층 빌딩 숲에는 그보다 더 무서운 것들이 숨어 있을 것 같은 예감이 들었다.

"도시가 무섭네요."

"누구나 처음에는 그렇소. 걱정하지 마시오. 나만 따라오쇼."

"고마워요."

"나도 그쪽으로 가는 길이오. 같은 방향이니 잘 된 거요."

"죄송해요."

"허허허허, 죄송할 건 없고…"

남자는 기분 좋게 웃었다. 어머니의 말씀이 떠올랐다. 도시에서는 모르는 남자가 친절을 베풀면 늑대로 알고 일단 조심해야 한다. 함부로 사람을 믿어서는 안 된다. 정신을 차리지 않으면 늑대에게 언제 어떻게 잡아먹힐지 알 수 없다. 눈을 똑바로 뜨고 다녀야 한다. 어머니는 여러 번 당부했다. 경숙은 남자의 얼굴을 살펴보았다. 점잖게 생긴 얼굴이었다. 이런 사람이 늑대라니 믿을 수 없었다. 경숙은 잠시 가졌던 의심을 거두었다. 도시도 사람 사는 곳인데 그런 막돼먹은 인간이 살고 있을까 하는 의문이 들었다. 경숙은 남자에게 물었다.

"도시에는 사람을 잡아먹는 늑대가 많다면서요?"

"예전에는 많았으나 지금은 아니오. 하지만 완전히 없어진 것도 아니니 조심하는 것이 좋습니다. 도시는 많은 사람이 모여 사는 곳이니까 양의 탈을 쓴 늑대 같은 인간들이 많은 것은 사실입니다. 특히 버스터미널이나 기차역, 음침한 골목 주변에 그런 늑대들이 집단으로 서식하는 곳이지요. 그러나 대부분은 나처럼 선량한 사람들도 많이 살고 있으니 안심하쇼."

남자가 경숙을 안심시켰다.

"고마워요."

"버스가 왔으니 탑시다."

버스가 도착했다. 사람들이 차례로 버스에 올랐다. 조금 후 버스는 만원이 되었다. 버스가 출발했다. 차창 밖으로 내다보이는 도시는 인파와 고층 건물로 가득했다. 경숙은 높은 건물을 보면서 왜 사람들은 자꾸 하늘로만 올라가려고 할까, 하고 생각했다. 경숙은 높은 건물에 살면 생명의 근원인 흙과 멀어져 제명에 살지 못할 것 같았다. 그런데도 도시 사람들은 더 높은 곳을 향하여 올라가려고 기를 쓰고 있는 것 같았다. 천국에라도 가까이 가려는 것처럼 보였다. 버스 안은 점점 승객들로 가득 차 경숙은 숨이 막힐 것만 같았다. 버스는 고층 빌딩 숲을 지나고 아파트 공사 현장을 지나고 집들이 다닥다닥 붙어 있는 비좁은 골목길을 지나 멈추었다. 남자가 앞서 내리면서 경숙에게 말했다.

"내리쇼."

"다 왔어요?"

"여기서 조금만 걸어가면 됩니다."

경숙은 버스에서 내렸다. 전화기를 꺼냈다. 언니가 버스에서 내려 전화하면 마중을 나갈 것이라고 약속했기 때문이었다. 전화기를 꺼내는 것을 본 남자의 얼굴이 붉어지며 불쾌한 표정으로 말했다.

"나를 믿지 못하는 거요? 파리 카페는 내가 잘 알고 있으니 전화할 필요가 없소이다. 시골에서 오는 길이라 피곤할 것 같아 차 한잔하고 가려는 참이었소."

경숙은 남자의 호의를 거절할 수 없었다.

"차만 마시고 가야 해요."

"안심하쇼."

남자는 조금 전과 달리 쌀쌀했다. 경숙은 주눅이 들었다. 두 사람은 곧 헐릴 것 같은 우중충한 낮은 집들이 서 있는 사이로 걸어갔다. 폐교한다는 현수막이 보이는 초등학교 건물도 지나가고 잡풀로 뒤덮인 작은 개울이 있는 시멘트 다리도 건너갔다. 개울에는 물이 없어 이름 모를 잡풀이 자라 풀밭을 이루고 있다. 작은 시멘트 다리가 아니라면 이곳이 개울이었음을 알 수 없었다. 기후 이상으로 눈도 비도 내리지 않아 땅은 점점 메말라 가고 있다. 다리 건너편에는 낡은 집들이 다닥다닥 붙어 있다. 여기저기 재개발지역이라는 현수막이 바람에 펄럭거리고 있다. 원주민을 쫓아내는 개발은 결사반대한다는 현수막도 그 옆에 같이 붙어 있다. 세입자들이 대책을 세워달라는 현수막도 함께 펄럭이고 있다. 이곳도 예외 없이 재개발조합과 세입자 간에 마찰이 있는 지역 같았다. 요즘은 전국 어디를 가나 볼 수 있는 흔한 풍경이다. 남자가 버스에서 내려 추녀가 낮은 집들이 줄 서 있는 곳을 지나가자 경숙은 불안한 생각이 들어 남자에게 물었다.

"어디까지 가셔요?"

"다 왔소. 저 집이오."

남자가 턱짓하는 곳에 덩그러니 낡은 이층집이 있고 그 앞마당에는 몇 대의 빈 택시가 서 있었다. 경숙은 아직도 이런 허름한 건물이 서울 변두리에 존재한다는 것이 믿어지지 않았다. 아래층에 낡고 허름한 건물에 카페 간판이 걸려 있고 여자 몇이 둘러앉아 고스톱을 치고 있다. 경숙이 머뭇거리자 남자가 명령조로 말했다.

"따라오쇼."

"여기가 어딘데요?

"사람을 잡아먹는 곳이 아니니 들어 오쇼. 차만 마시고 갈 거요."

경숙은 거절하지 못하고 남자의 뒤를 따라 집 안으로 들어갔다. 거리에는 어둠이 깔리고 가로등에 불이 들어왔다. 서울 변두리에 꺼벙한 동네가 어둠이 찾아오는 순간 놀라울 정도로 화려한 풍경을 연출하고 있다. 마치 도시 한복판 같았다. 초라하게 보이던 건물들이 불을 밝히는 순간 낡고 허름한 옷을 벗어 던지고 울긋불긋 화려한 모습으로 치장했다. 경숙이 카페 안으로 들어서자 진한 커피 냄새가 진동했다. 화투를 치던 여자의 시선이 일제히 경숙에게로 쏠렸다. 경숙이 얼굴을 붉혔다. 화투장을 보고 있던 여자가 이죽거리며 남자에게 말했다.

"며칠 보이지 않아서 멀리 여행이라도 가신 줄 알았는데. 역시나군."

"조심하쇼. 바람 끝은 안 좋습네다."

남자가 벌컥 화를 냈다.

"간섭하지 마시고 하는 일들이나 계속하시지."

"바람은 알아줘야 한다니까."

허벅지를 내놓고 입에 담배를 물고 화투장에 시선을 두고 있던 여자가 말했다. 고스톱을 치던 여자들이 호기심이 가득한 시선으로 일제히 히죽거리며 경숙을 바라보았다. 카페 구석진 곳에는 빈 소주병이 어지럽게 돌아다니고 있다. 어떤 병에는 담배꽁초가 가득했다. 다른 쪽에서는 남자들이 술을 마시며 진한 농담을 하고 있다. 화투 치는 여자들은 남자들에게 별로 관심이 없어 보였다. 어떤 여자는 돈을 잃어 열불이 치미는지 치마를 걷어 올린 채 허벅지를 다 내놓고 고스톱에 열을 올리고 있다. 담배 연기가 뿌옇게 홀 안을 덮고 있다. 문 앞에 금연 표지가 붙어 있었지만 아무 소용이 없어 보였다. 술을 마시고 있던 남자들은 경숙에게 눈길을 주며 침을 삼켰다. 허벅지를 내놓은 여자가 입술을 비쭉거리며 정장한 남자에게 말했다.

"처음인 것 같은데 살살 다루슈."

정장한 남자는 얼굴을 찡그린 후 주인 여자를 향해 말했다.

"빈방 있소?"

"이 층으로 가보슈. 조금 전에 사람이 나가던데."

좀 전에 들어왔던 남녀가 볼일이 끝났는지 나갔다는 것이다.

"맥주 하나에 안주는 알아서 주쇼."

"알았어요."

이층 구석진 방이었다. 눅눅한 냄새가 났다. 경숙이가 망설이자 남자는 어서 따라오라고 눈짓을 주었다. 경숙은 불길한 예감이 들었으나 최면에라도 걸린 듯 꼼짝하지 못하고 남자를 따라 방으로 들어갔다. 작은 방이지만 깨끗하게 정돈되었다. 방금 방을 비운 듯 화장품 냄새가 났다. 곧 과일과 땅콩, 마른 오징어포가 맥주와 함께 들어왔다. 남자는 맥주를 마시며 경숙에게 권했다.

"한 잔 드쇼. 피곤할 때는 술이 약이오."

경숙은 겁먹은 표정으로 말했다.

"술을 못해요."

"물을 마시면 술도 먹을 수 있소."

"그래도 못해요."

지붕 없는 방

"마셔보시오!"

남자의 얼굴이 험상궂게 변했다. 음성도 아까와 달리 강압적이었다. 다른 남자의 모습을 보는 것 같았다. 경숙은 뭔가 잘못되어 가고 있다는 생각이 들며 공포를 느꼈다. 끝까지 술을 못 마신다고 팔을 저었다. 경숙은 지금까지 술을 한 모금도 입에 대 본 적이 없었다. 경숙은 긴장 때문에 몸이 굳어 움직일 수 없었다. 경숙이 술을 거듭 거절하자 남자는 마음이 변했는지 그러면 자기 혼자 마시겠으니 안주라도 먹으라고 했다. 경숙은 땅콩 몇 알 입에 넣고 씹었으나 모래를 씹는 기분이었다. 불안하여 가시방석에 앉아 있는 것 같았다. 혼자서 술을 마시던 남자는 주인 여자에게 자기가 맡겨 놓은 음료수병을 가져오라고 했다. 조금 후 주인 여자가 음료수병을 가져왔다. 피로할 때 먹는 음료수라고 했다. 남자가 음료수병을 경숙에게 권했다.

"그럼 이거라도 마시쇼. 피곤하지 않을 거요."

"나는 피곤하지 않습니다."

"성의를 생각해서 마시지요. 계속 거절하는 것은 예의가 아니지요, 마시지 않으면 내가 안 괜찮소."

경숙은 음료수까지 거절할 수 없었다.

"고마워요."

"어서 마시고 갑시다."

"그러시지요."

경숙은 음료수를 마셨다. 남자는 술잔을 비우며 말했다.

"조금 있으면 피곤이 싹 가셔질 거요."

남자는 음흉한 표정으로 웃었다. 경숙은 음료수병을 비우자 잠시 후 심한 현기증을 느낀 후 정신을 잃고 말았다. 남자는 이때를 기다리고 있었다는 듯한 표정이었다. 술을 몇 잔 더 마신 후 여유 있는 표정으로 의식이 없는 경숙에게 가까이 다가갔다. 남자는 이런 일이 처음이 아닌 듯 능숙했다. 경숙이 희미해지는 의식 속에서도 이곳이 어머니가 말씀하신 늑대 소굴이 아닐까, 하고 생각했다. 남자의 얼굴이 가까이 오는 것을 느끼면서도 경숙은 의식은 점점 희미해지고 있었다. 몸을 움직이지 못하니 저항 같은 것은 생각할 수도 없었다. 남자의 중얼거리는 소리가 꿈속처럼 들려왔다.

"객지에서는 낯선 남자가 호의를 베풀면 조심해야지."

남자의 얼굴에 야비한 웃음이 스쳤다.

시간이 흘렀다. 경숙이 눈을 떴다. 머리가 아프다. 창문으로 눈부신 밝은 빛이 들어왔다. 자동차의 시동 거는 소리가 들리고 사람들이 웅성거리는 소리가 들렸다. 경숙은 음료수를 마실 때 기억밖에 없었다. 경숙은 정신이 돌아와서야 몸에 이상이 있음을 알게 되었다. 악몽 같은 밤이 지나간 것이다. 어머니의 음성이 귓가에 맴돌았다. 도시에는 여자를 잡아먹는 늑대가 살고 있으니 조심하라는 말이 쟁쟁하게 귀에 울렸다. 경숙은 무거운 몸을 일으켰다. 옆을 보았다. 남자가 아무 일도 없다는 듯 깊은 밤중처럼 평화로운 얼굴로 자고 있다. 잠든 남자의 얼굴은 선량하고 순한 양처럼 보였다. 저 순한 얼굴이 늑대 탈을 쓴 악마라니, 그러자 경숙은 눈에 보이는 것이 없었다. 살이 떨리며 자기도 모르는 사이 접시에 놓인 과도를 집어 들었다. 조금 후 남자의 비명이 집안에 가득 울렸다. 경숙은 깜짝 놀라 들고 있는 과도를 보았다. 과도에 피가 묻어 있었다. 경숙은 과도를 내던졌다. 자기가 무슨 일을 저질렀는지 알 수 없었다. 고통스러워하는 남자를 뒤로하고 방을 빠져나왔다. 남자는 신음을 토하듯이 말했다.

"쌍, 너 죽을래, 이리 와!"

남자는 자기의 사타구니를 움켜쥐고 경숙이 쪽을 향해 엉금엉금 기어서 따라왔다. 경숙이 놀라 정신없이 도망쳐 카페를 나왔다. 화투를 치고 있던 여자들이 뛰어나가는 경숙을 보며 무슨 일일까 궁금하게 생각했다. 잠시 후 별것 아니라는 듯 화투장을 돌렸다. 다시 평온해졌다. 그러나 평온은 잠시 후 깨졌다. 남자가 아래층으로 엉금엉금 기어 내려오며 소리쳤다.

"구급차 불러라!"

남자는 사타구니를 움켜쥔 채 횡설수설했다. 화투를 치던 여자들은 얼굴을 비죽거리며 남자를 보았다. 언제든지 이런 일이 한번 터질 것을 예감하고 있었다는 듯한 표정이었다. 주인 여자가 급하게 구급차를 불렀다. 잠시 후 구급차가 요란하게 경적을 울리며 카페 앞에 멈추었다. 구급 대원들이 급하게 달려들어 들것에 남자를 눕힌 후 구급차에 밀어 넣더니 빠르게 달려갔다. 구급차의 경적은 남자가 살려 달라는 아우성처럼 들렸다. 들것에 실린 남자가 이를 갈며 중얼거렸다.

"너는 잡히면 죽여버릴 테다."

구급차가 요란한 경적을 울리며 카페를 떠나자 뒤따라 경찰차도 따라갔다. 이 모습을 보고 있던 여자들이 한마디씩 했다.

"하느님께서 이제야 천벌을 내린 모양이구먼."

벽걸이 티브이에서 남자가 여자에게 성기가 잘렸다는 해괴한 뉴스를 크게 내보내고 있다. 여자들은 대수로운 일이 아니라는 듯 화투장을 돌렸다. 한쪽 구석에서는 남자들이 소주잔을 돌렸다. 여자를 그렇게 밝히더니 그럴 줄 알았어, 하는 소리가 들렸다. 웅성거리는 것도 잠시뿐이었다. 세상은 아무 일도 없다는 듯 다시 일상으로 돌아가고 있었다.

악몽을 겪자 경숙은 살고 싶은 생각이 없었다. 우선 어머니를 볼 면목이 없었다. 죽으려고 한강으로 갔으나 막상 죽으려고 하니 꽃다운 청춘을 피워 보지도 못하고 죽는다는 것이 너무 억울하고 분한 생각이 들었다. 정말 내 운명이 이것밖에 안 되는 것일까. 시커먼 한강 물을 바라보니 강물이 깊어 보여 무서웠다. 저 깊은 강물에 풍덩 빠지면 고기가 자기 살점을 뜯어 먹는다고 생각하니 몸이 오싹했다. 죽기 전에 자기가 어떤 팔자로 세상에 태어났는지 알고 싶었다. 사람이 세상에 태어날 때는 각자 할 몫이 따로 있다는데 자기가 할 몫은 무엇일까, 궁금했다. 수소문 끝에 족집게 도사가 살고 있다는 선포산을 찾았다. 도시에서 가까운 산이었다. 활엽수가 숲을 이루고 있다. 날씨가 경숙의 마음만큼이나 음울했다. 비가 몇 방울씩 떨어졌다. 가뭄이 시작되더니 단비라도 올 모양인가, 조금 후 정말 비가 내리자 경숙의 마음도 촉촉해지며 위로받는 듯했다. 유명 도사 집답게 사람들이 많이 모여 있다. 국회의원 출마할 사람도 앞날에 국회의원이 될 수 있는지 알아보기 위해 이곳에 온다니 꽤 유명한 도사 집인 것 같았다. 경숙은 대기실에서 한참 기다린 후 차례가 되어 방으로 들어갔다. 벽면에 구름을 타고 다니는 선녀 그림이 붙어 있고 그 앞에 선글라스 안경을 쓴 남자가 앉아 있다. 경숙은 조심스럽게 입을 열었다.

"물어봐도 돼요?"

"물어보쇼"

선글라스 도사는 눈을 지그시 감고 있다. 경숙은 자기의 치부(恥部)를 털어놓기가 쉽지 않았다. 선글라스 도사는 경숙이가 먼저 이야기하기를 기다리고 있는 것 같았다. 경숙은 혹여 선글라스 도사가 자기의 치부를 다 알고 있는 것은 아닐까, 하는 의심이 들자 얼굴이 화끈거리며 괜히 왔다는 생각이 들었다. 그냥 나가고 싶었다. 눈치를 챈 듯 선글라스 도사가 입을 열었다.

"왜 말하기 싫소?"

하자 경숙은 깜짝 놀랐다. 분명히 선글라스 도사가 자기의 마음속을 다 알고 있다는 듯한 표정이었다.

"알고 있어요?"

"척 보면 압니다. 괜히 왔다고 생각하지요?"

"네, 그럼 나의 전부를…."

"물론이지요. 그러니 숨기지 말고 말하시오. 좋은 방도를 찾을 수 있을지 모르오. 도사는 거짓말을 하지 않습니다."

선글라스 도사는 자기는 영험한 산으로 알려진 강원도 오대산에서 이십 년간 도를 닦고 하산한 몸이라고 자랑을 한 후 남들은 족집게 도사라고 부르지만 자기는 신(神)의 특명을 받고 어렵고 힘들어하는 만백성들에게 용기와 희망을 주는 착한 도사라는 것을 강조했다. 길거리에서 좌판이나 펼쳐놓고 돈을 뜯는 사람들과 같은 급으로 취급하지 말라고 했다.

"자, 이제 말해 보슈."

"저…."

하고 경숙은 지금까지 당한 일을 소상하게 말하고 억울하고 분해서 삶을 포기하려고 한강에까지 갔으나 시퍼런 강물을 보는 순간 고기밥이 되는 게 두려워 뛰어들지 못했다고 솔직하게 말했다. 물 위로 어머니의 환영이 나타나더니 그까짓 것 가지고 아까운 목숨을 포기하는

멍청한 자식밖에 되지 않느냐고 야단치는 소리도 들었다며 자살을 포기할 수밖에 없었다고 눈물을 글썽거렸다. 이야기를 듣고 있던 선글러스 도사는

"도시에서는 정신을 바짝 차려야 살 수 있소. 관상을 보니 할 일이 너무 많이 있소이다."

선글라스 도사는 눈을 감고 주문을 외우는 듯도 하고 손가락을 몇 번 오므렸다 폈다 하더니 뭔가 알아냈다는 듯 눈을 떴다.

"액운을 때웠으니 앞으로 좋은 일만 있을 거요."

하고 경숙을 안심시켰다.

"정말 그렇게 보입니까?"

"물론입니다. 점괘가 그렇게 나타났습니다. 세상 사람들은 그보다 더한 고통을 안고 열심히 살아가는 사람이 많습니다."

"정말이세요?"

"그렇소, 자살하는 것은 부모님에게 큰 죄를 짓는 것이오. 사람의 명은 하늘에 있는 법이오. 자기 목숨이라도 자기 마음대로 할 수 없는 게 사람의 목숨이오."

이야기를 마친 선글라스 도사는 눈을 감았다. 궁금한 것이 있으면 더 물어보라는 것이다. 경숙은 살아야 할 이유가 생긴 것 같았다. 머릿속을 덮고 있던 희뿌연 안개가 맑게 걷히는 것 같았다. 마음속 깊이 잠겨 있던 캄캄한 어둠이 안개가 사라지듯 밀려가고 있었다. 눈물이

글썽거렸다. 선글라스 도사가 말했다.

"이제 더 할 이야기가 없으면 가 보슈. 그리고 열심히 사슈. 나쁜 일을 마음에 오래 담아두면 큰 병이 됩니다. 집에 가면 좋은 일이 기다리고 있을 거요. 점괘가 그렇게 나왔소. 복채는 나중에 은행 계좌로 오만 원 보내시우. 보내지 않아도 됩니다."

경숙은 훌륭한 도사라고 생각했다.

"정말 좋은 일이 기다리고 있을까요?"

"도사는 거짓말을 하지 않습니다."

경숙은 가벼운 마음으로 도사 집을 나섰다. 산을 감싸고 있던 검은 구름이 걷히고 푸르고 높은 하늘이 눈에 들어왔다. 비로소 들리지 않던 새소리도 들을 수 있었다. 나뭇가지를 스치는 바람 소리도 들렸다. 경숙은 긴 악몽을 꾸고 깨어난 기분이었다. 경숙의 발걸음은 강남 고속버스터미널로 향했다. 도시를 빨리 벗어나고 싶었다. 마음은 이미 쑥골 어머니 곁에 가 있었다.

눈물의 웨딩드레스

　태수는 오늘도 선창가에 나갔다가 할 일이 없어 피곤한 몸을 이끌고 집으로 돌아왔다. 고기가 잡히지 않으니 몇 개월째 실직 상태였다. 고기잡이를 떠나지 못한 배들은 몸을 비비고 선창에 묶여 있었다. 바닷물이 기온 상승으로 잘 잡히던 어종들이 북상했기 때문이었다. 인간의 무분별한 개발로 지구의 온도가 상승하여 바닷물에까지 영향을 미치고 있었다. 태수는 객지를 떠돌다 묵호항에 정착한 후 십 년째 선원으로 일을 해왔다. 태수는 오늘도 선창가에 나갔다가 일이 없어 집에 돌아왔으나 아내 순임의 모습이 보이지 않았다. 여편네가 어디로 간 걸까. 이런 날이면 태수는 심술이 나서 얼굴을 찡그리더니 방에 들어가 천장을 바라보고 벌렁 누웠다. 몸은 일이 있는 날보다 없는 날이 더 피곤했다. 열심히 일할 때는 아무리 힘이 들어도 피곤하지 않으나 일이 없는 날은 몸도 마음도 힘이 빠졌다. 쉬는 날에는 순임이라도 집에 있으면 마음의 위로가 되지만 집에 없으면 괜스레 짜증만

났다. 태수가 천장을 향하고 누운 채 이런저런 생각을 하고 있는데 마실 갔던 순임이 나타났다. 태수를 보자 얼굴이 일그러졌다. 벌써 일을 못 한 지 몇 달이나 되었으니 순임이도 태수 얼굴을 보면 짜증부터 나는 모양이었다.

"오늘 또 공치는 날이구먼."

말이 부드럽게 나가지 않았다.

"고기들이 멀리 소풍이라도 간 모양이야."

"언제까지 그렇게 빈둥거릴 건데?"

"나야 모르지, 용왕님이 알아서 하실 테지, 잔소리 그만하고 이리 오게."

순임은 태수의 음흉한 속이 보여 눈을 흘겨 주었다.

"돈을 벌 생각은 하지 않고 벌건 대낮에 또 무슨 짓을 하려고."

"일이 없을 때는 이런 재미라도 있어야지."

태수가 달려들자 순임은 피할 생각을 하지 않고 못 이기는 체 태수의 품에 몸을 맡겼다. 다음 날도 그다음 날도 선창가에 나가 보지만 배들은 여전히 서로 몸을 비빈 채 선창에 묶여 있었다. 갈매기도 고기가 잡히지 않아 맥이 풀리는지 힘없이 고개를 떨구고 뱃머리에 앉아 있다. 고기가 잘 잡힐 때는 어부들이 던져주는 잡고기라도 얻어먹는 재미에 선창을 찾았지만 몇 개월째 배가 묶여 있으니 갈매기도 재미가 없는 모양인지 울음소리가 풀이 죽었다. 고기가 잡히지 않는 선창가는

지붕 없는 방

언제나 쓸쓸했다. 어부들은 그물을 손질하며 풍요로웠던 그 시절이 다시 돌아오기를 간절히 소망해 보았다. 일은 하지 않고 매일 빈둥거리는 태수를 보자 순임은 가슴에 열불이 치미는지 따지듯이 말했다.

"일을 언제 할 건데? 그렇게 놀고만 있으면 돈이 하늘에서 뚝 떨어지기라도 한다는 거야?"

"나야 알 수 없지, 용왕님이 하시는 일이니까."

"그럼 다른 일이라도 찾아야 할 것 아냐. 손가락 빨 거야?"

"기다려봐, 고기가 언젠가는 돌아오겠지. 그런 일은 용왕님께 맡기고 이리 오게."

"생각하는 것 하곤."

몇 개월이 지나도 애타게 기다리는 고기가 돌아오지 않았다. 고향을 떠난 고기가 자기가 살던 곳을 잊기라도 한 것이 아닐까. 지금쯤 돌아와야 할 고기가 돌아오지 않으니 태수의 실직도 길어질 수밖에 없었다. 태수가 몇 개월째 일이 없어 빈둥거리자 어쩔 수 없이 순임이 돈벌이에 나설 수밖에 없었다. 다음 날부터 순임은 아는 언니의 소개로 어시장 횟집에 일하러 다녔다. 횟집에서 하루 허드렛일을 하고 나면 오후에는 허리무릎이 끊어지는 것처럼 아팠다. 저녁때 무거운 몸을 이끌고 집에 돌아오면 태수는 거나하게 취해 있었다. 순임은 그 모습을 보면 속에서 천불이 났다. 고기가 언제 돌아올지 모르는데 다른 일거리라도 찾아야지 이렇게 놀기만 하면 언제 웨딩드레스를 입혀줄 것이냐고 따져 물어도 못

들은 체했다. 태수도 인력으로 어쩔 수 없으니 뾰족한 대안이 있을 수 없어 입을 닫고 있으리라. 순임은 아이가 둘이 생길 때까지 결혼식을 올리지 못했다. 나이를 먹어가니 속이 탈 수밖에 없었다. 여자는 평생 웨딩드레스를 입어 보는 것이 소원인데 이렇게 하다 보면 웨딩드레스는 영영 입어보지 못하고 말 것 같았다. 태수는 속이 없는 인간인지 천하태평이었다. 아이가 둘이나 되는데 웨딩드레스를 입혀주지 않는다고 이제 어쩌겠느냐는 배짱 같았다. 순임은 아이들이 한 살 두 살 나이를 먹어가자 마음이 초조해져 오늘은 단단히 따지기로 하고 태수 앞에 앉았다.

"그렇게 빈둥거리고 놀면서 어느 세월에 집 사고 결혼식 올려줄 거야?"

"기다리시게."

언제나 똑같은 말만 반복했다. 방 두 칸을 전세로 얻어 지금까지 살고 있었다. 한 칸은 내외가 쓰고 다른 한 칸은 아이들이 쓰고 있으나 아이들이 크면서 서로 더 넓게 차지하려고 싸움하고 있는 것을 보고 있으면 순임은 속에서 천불이 났다. 태수가 원망스럽기까지 했다. 아이들의 얼굴만 봐도 가슴이 무너질 수밖에 없었다.

"아이들이 무슨 죄가 있어. 책임도 지지 못할 걸 왜 만들어."

그러자 태수는 능글맞게,

"나 혼자서 만든 거야? 좋아서 할 때는 언제고, 지금 돈 번다고 내게 유세 떠는 거야?"

"그게 아니라…"

"내가 보기에는 돈 번다고 유세 떠는 것 같잖아."

되려 순임에게 불만을 털어놓았다. 자기도 놀고 싶어 노느냐며 용왕님이 하는 일을 난들 어쩌랴며 되려 배짱이다. 그러자 순임은 미안한 모양이었다.

"고깝게 듣기는, 내가 돈을 번다고 하는 소리가 아니잖아. 나 혼자 버는 돈으로 밥 먹기도 바쁘니 하는 소리지 뭐."

"그럼 날더러 강도라도 되라는 거야?"

"무엇이나 해야지 언제까지 그러고 있을 건데, 영자 남편은 요즘도 돈을 잘 번다고 큰소리치더구먼."

친구 남편을 이야기하자 태수는 화가 더 치미는 모양이었다.

"또 그놈의 소리. 정 부러우면 그놈한테 시집가던지."

"그걸 말이라고 해?"

"듣기 싫으니까 그놈 이야기는 하지 마!"

태수가 제일 싫어하는 것이 다른 사람과 비교하는 것이다. 순임은 태수의 속을 알고 있으면서도 속이 상해 친구 남편을 들먹거렸다. 김순자 남편은 부동산 장사를 해서 돈을 억대로 벌었고, 심정옥 남편은 주식투자를 해서 하루아침에 돈방석에 앉았는데 당신이라는 인간은 어느 세월에 돈을 벌어 약속대로 나를 호강 시켜 주느냐고 따지다가 주먹을 쥐고 있는 태수를 보자 그만두었다. 이때 태수가 써먹는 이야기가 있다.

"사람은 때가 있는 법일세. 기다리게, 고기가 안 나오는 것은 내 탓이 아니라 용왕님 때문이니 용왕님을 원망하게."

하고 능청맞게 대답했다. 그래도 순임이 대들면 말로 이길 수 없으니까 주먹을 불끈 쥐었다. 순임의 기를 꺾으려는 것이다. 그러나 오늘 순임은 기가 꺾이지 않고 버럭 대들었다.

"때릴 거야?"

"속에서 천불이 나는구먼."

태수는 순임을 때리지 못하고 씩씩거리다 집을 나왔다. 이럴 때는 술이 보약이라고 생각했다. 술에 취하면 모든 것을 잊을 수 있기 때문이었다. 그날 태수는 강릉댁이 운영하는 밥집을 찾았다. 강릉집은 밥도 팔고 막걸리도 팔았다. 단숨에 막걸리를 몇 잔 들이킨 후 희미한 정신으로 집에 돌아왔다. 술 때문에 간덩이가 부어올라 순임을 향해 큰소리쳤다.

"남편을 뭘로 보는 거야!"

하고 따지자 순임이 가만히 있지 않았다.

"얼씨구, 한잔 걸쳤구먼, 몇 개월 놀더니 이제는 정신 줄을 놓을 모양이야. 여편네 잔소리 듣기 싫으면 돈을 벌어!"

"웨딩드레스 입혀주지 않으면 어떻게 할 건데?"

"약속하고 다르잖아, 헤어질 수 있어."

"마음대로 해 보시지."

"정말이야?"

"정말이지."

태수는 술만 마시면 정신이 희미해지며 울화가 치미는지 아무것이나 손에 잡히는 대로 내던지는 버릇까지 생겼다. 그 바람에 밥사발도 몇 개 깨졌다. 그러고도 성에 차지 않으면 순임의 얼굴에 주먹을 휘둘렀다. 이럴 때면 순임은 태수가 인간 같지 않다며 상대하지 않고 피했다. 일이 없자 나쁜 버릇만 점점 늘어났다. 순임은 결혼식도 올리지 않고 아이까지 낳아 주었으면 고마워할 일이지만 태수는 미안한 마음도 없이 마음대로 하라며 배짱이다. 순임은 어떤 고생도 참을 수 있으니 일생에 한 번뿐인 웨딩드레스만은 꼭 입혀 달라고 사정하면 태수는 마지못해 가을까지 기다려 보라고 말했다. 그렇게 약속한 가을이 몇 번 돌아와도 계속 미루기만 했다. 세월이 흘러가자 순임의 모습도 변해갔다. 예전에 곱던 얼굴은 간 곳이 없고 여기저기 주름이 생겼다. 가난에 찌든 얼굴이 거뭇거뭇했다. 순임은 몰라보게 변해가는 자기의 모습을 보고 있으면 속이 썩어 문드러지는 기분이었다. 순임은 태수에게 밤마다 웨딩드레스를 입혀달라고 하면 형편이 좋아지면 그까짓 것 문제없다며 큰소리쳤다. 그러나 시간이 갈수록 형편이 좋아지는 것이 아니라 점점 더 못해 갔다. 순임은 이러다 죽기 전에 웨딩드레스를 입어보지 못하고 말 것 같은 예감이 들었다. 그날도 순임은 횟집 일을 끝내고 몸이 녹초가 되어 집으로 돌아와 자리에 누웠는데 태수가 염치없이 달려들자 순임은 거절했다.

"피곤해, 보기 싫으니까."

"안 된다는 거야?"

순임은 벽 쪽을 향하고 누웠다. 태수는 부아가 치밀었다.

"정말 안 된다는 거야?"

"오늘은 죽어도 안 돼."

전에는 태수가 겁을 주면 순임이 순순히 말을 들었는데 일을 다니고부터 말을 듣지 않았다. 순임은 마음속에 간직하고 있는 응어리가 풀어지지 않은 듯 작심하고 말했다.

"이제는 더 속지 않을 거야."

"속지 않겠다면 헤어지기라도 하겠다는 거야?"

"못 할 것도 없네."

"돈을 번다고 간뎅이 부었구먼."

"누가 나를 이렇게 만들었는데."

"내 탓이라는 거야?"

"그럼 누구 탓이야?"

태수가 그날은 협박하고 얼리고 달래도 순임은 말을 듣지 않았다. 단단히 결심한 모양이었다. 태수는 부아가 치밀지만 어떻게 해 볼 도리가 없으니 속만 타들어 갔다. 순임은 태수에게 돈을 벌 생각은 하지 않고 엉뚱한 생각만 하고 있다고 쏴붙여도 소귀에 경 읽기였다. 이제는 실낱같이 남아 있던 양심마저 없어진 것 같았다. 얼굴에 철판을 깔았다. 순임은 가슴속이 터질 수밖에 없었다. 지금은 아이들이 어리지만 앞으로 학교에도 가야 하고 남들이 가는 학원에도 보내야 하고

지붕 없는 방

돈 쓸 일이 태산 같은데 남편이라는 인간은 모든 것을 순임에게 맡기고 자기는 매일 술만 퍼마시며 세월만 죽이고 있었다.

"남들은 초등학교 때부터 영어 학원이다, 피아노 학원이다, 여러 곳을 보낸다는데 우리 아이는 어쩔 거야?"

하고 잔소리하면

"쓸데없이 학원에 왜 다녀, 사람이 세상에 태어날 때는 자기들이 먹을 것을 가지고 태어난다고 했네, 그런 쓸데없는 걱정은 하지 마시게."

천하태평이다.

"호랑이 담배 피우던 시절 이야기는 왜 해."

"세상이 그때보다 훨씬 좋아졌으니 걱정하지 말라는 거지."

"생사람 잡으려고 하는구먼, 세상 돌아가는 것을 저렇게 모르니."

아이들은 콩나물처럼 쑥쑥 자라는데 태수는 걱정하지 않았다. 순임의 속만 까맣게 타들어 갔다. 태수는 일이 없어 매일 술로 살고 있으니 세상이 얼마나 다르게 변했는지 깨닫지 못하고 있는 것 같았다.

태수와 순임의 첫 만남은 꽃다방에서였다. 꽃다방은 선창가가 환하게 내려다보이는 산 중턱에 있었다. 회색빛 시멘트 낡은 건물 이 층이었다. 여름이면 담쟁이넝쿨이 반쯤 건물을 덮었다. 꽃다방에서는 넓은 바다도 보이고 배들이 매여 있는 선창도 보였다. 창가에 앉아 있으면 기차 정거장도 보였다. 서울로 가는 기차의 기적소리가 수시로 들렸다. 바람이 불면 비릿한 바다 냄새가 꽃다방까지 밀려왔다. 꽃다방은 삼십 년의 긴 역사를 지니고 있었다. 꽃다방이 예전과 달라졌다면 밤이면 어둑어둑하던 골목길에 가로등이 설치되어 밤새도록 불을 밝히고 있었다. 전에는 가로등이 없어 골목길을 걷기가 겁이 났다. 지금은 아무리 어두운 밤이라도 골목길을 대낮처럼 밝혀주는 가로등이 있어 두려움이 사라졌다. 일찍 기차 정거장을 찾는 사람들이나 어시장 손님들이 약속 장소로 꽃다방을 이용하고 있있다. 지금 도시에는 다방 이름이 카페로 바뀌었으나 이곳은 그때나 지금이나 꽃다방이었다. 세월이 흘러가고 모든 것이 다 변해도 꽃다방은 변하지 않았다. 연탄불 난로도 옛날 그대로이고, 귀가 떨어진 낡은 의자도 옛날 그대로이고, 바닥에 깔린 빛이 바랜 하늘색 카펫도 예전 그대로의 모습이다. 세월은 강물처럼 흘러가면 그만이지만 꽃다방은 사람들이 떠나가면 새로운 사람들이 빈자리를 메웠다. 꽃다방에 앉아 있으면 매일 선창가에서 무슨 일이 일어나는지 훤하게 알 수 있었다. 한때 이곳 항구도 돈벌이가 좋아 흥청망청 돈을 쓰던 시절도 있었다. 그러나 고기가 잡히지 않으면서 선창가는 쓸쓸했다. 선창가에서 일해 밥을 먹고살던 사람들도 일이 없어지자 하나둘 큰 도시로 떠나갔으나 태수는 떠나지 않았다. 태수는 바다가 좋았다. 매일 아침 선창가에 나갔다가 일이 없으면 꽃다방에 들러 차를 마셨다. 커피를 마실 때는 태수에게 편안한 안식처가 되어 주었다. 일이 힘들거나 몸이 피곤할 때도 꽃다방을 찾아 커피를 마시면 피로가 풀렸다.

지붕 없는 방

꽃다방에 오는 아가씨들은 오래 머물지 못했다. 꽃다방은 아가씨들이 잠시 머물렀다가 더 많은 돈을 찾아 큰 도시로 가기도 하고 섬으로 떠나기도 했다. 이렇게 꽃다방 아가씨들은 돈을 찾아 떠나지만 좋은 소식만 들려오는 것은 아니었다. 어떤 아가씨들은 돈벌이가 좋다는 남자의 꾐에 빠져 따라갔다가 신세를 망쳤다는 소식을 전해 올 때는 정 마담도 속이 쓰렸다. 정 마담은 스물다섯 어린 나이에 꽃다방을 인수해 쉰이 넘도록 꽃다방을 운영하고 있었다. 정 마담은 이상한 인연으로 꽃다방을 인수하게 되었다. 정 마담의 본래 이름은 정인숙이었다. 사업을 하던 아버지가 부도를 맞고 식구들이 거리로 쫓겨나게 되자 정인숙은 어쩔 수 없이 학업을 포기하고 생활 전선에 뛰어들었다. 학벌이 없으니 처음으로 취직한 곳이 꽃다방이었다. 의복이 허름한 노인이 매일 꽃다방에 들러 차를 마셨다. 정인숙은 아버지 생각이 나서 노인에게 잘 대해 주었다. 어느 날 노인은 정인숙에게 수양딸이 되어 주면 어떠하겠느냐고 부탁했다. 정인숙은 어렵지 않다며 기꺼이 딸이 되어 주겠다고 약속했다. 그 후 노인은 정말 친딸처럼 잘 대해 주었다. 하루는 노인이 하루만 자기가 원하는 대로 해 주면 안 되겠느냐고 부탁하자 정인숙은 그러자고 약속했다. 다음 날 두 사람은 여기저기 관광하며 함께 하루를 즐겁게 보냈다. 한 달 후 노인은 정인숙에게 그동안 딸이 되어 주어 많은 위로를 받았다며 고맙다고 전한 후 봉투 하나를 건네주었다. 자기는 이제 마음 놓고 먼 길을 떠나가게 되었다며 봉투는 집에 가서 열어보라고 했다. 노인의 얼굴은 창백했다. 정인숙이 집에 와서 봉투를 열어보니 통장과 함께 유언장이 있었다. 자기는 독거노인으로 위암 말기여서 더 살 수 없으니 이 돈으로 보람 있는 일을 하며 살라고 부탁했다. 정인숙은 그 돈으로 꽃다방을 인수하고 노인들에게 쉼터를 제공하는 한편, 무료로 차를 대접하는 일을 했다. 그렇게 수십 년이 흘렀다. 이후 정 마담은 한 번도 꽃다방을 그만두겠다고 생각한 적이 없었다. 다방 이름도 꽃다방 그대로였다. 창가 양지쪽에 항상 빈 의자가 놓여 있고 그곳에 '아버지 의자'라는 팻말과 함께 작은 꽃다발이 놓여 있었다. 양아버지가 즐겨 앉던 자리였다.

하루는 태수가 꽃다방에 들렀다. 새로 아가씨가 왔다. 촌티가 흐르는 앳된 아가씨였다. 얼굴이 까무잡잡하고 눈이 크고 목이 길었다. 다방 일이 처음인 듯 차 나르는 일도 서툴렀다. 태수가 첫눈에 봐도 세상 때가 묻지 않아 보였다. 이런 아가씨들이 오면 건달들이 제일 먼저 먹잇감으로 생각했다. 태수는 꽃다방에 들렀을 때 아가씨가 물컵을 들고 형광등 불빛 속으로 조심스럽게 걸어오더니 자기 앞에 와서 공손하게 물컵을 놓았다. 순간 태수의 온몸에 전류가 흐르는 것을 느꼈다. 그동안 많은 아가씨가 꽃다방을 거쳐 갔지만 이런 마음은 처음이었다. 누구에게도 느껴보지 못한 감정이었다. 태수는 물컵을 놓고 가는 아가씨를 불렀다.

"이런 일이 처음인 모양이구먼."

지붕 없는 방

"네."

"여기 커피 두 잔."

아가씨는 손님 혼자인데 왜 커피는 두 잔 시킬까, 하고 고개를 갸웃했다. 커피를 두 잔 가져왔다.

"앉으시게."

"제가요?"

"그렇다네."

아가씨는 긴장한 표정으로 태수를 바라보았다.

"싫은 거야?"

"미안해서 그러지요."

"미안해할 것 없네."

아가씨가 옆에 앉자 태수는 커피 몇 모금 마신 후 물어보았다.

"집이 어디지?"

"용주골이어요."

"용주골이라, 그곳은 나도 한번 가본 적이 있네. 이름은?"

"김순임."

"그곳은 김씨 집성촌이지."

용주골은 개천에 용이 승천했다고 해서 붙여진 이름이었다. 지금도 용의 전설이 구전으로 전해오는 곳이다. 용이 승천했다는 개천은 이제는 물이 없어 바닥이 환하게 보이고 잡풀이 무성하게 자라고 있어 예전에 물이 흐르는 개천이었는지 알 수 없을 정도였다. 풀밭 같았다. 이 상기온 때문이었다. 태수가 말했다.

"용주골에는 낮에도 멧돼지가 출몰하는 깊은 산골이던데…"

"사람 살기는 좋아요."

"그렇게 살기 좋은 곳을 왜 떠나왔는데?"

"아버지가 돌아가시자 먹고살 길이 막막해 돈 벌러 왔어요."

태수는 커피를 마시며 훈계조로 말했다.

"내 말 오해 마시게. 동생 같아서 일러주는 말인데 이런 곳에는 아가씨를 잡아먹는 늑대들이 많다네. 정신을 놓는 순간 바로 늑대에게 잡아먹히는 곳이네. 그러니 조심해야 하네."

순임이 비쭉 웃더니 한마디 했다.

"나 같이 못생긴 여자를 어떤 늑대가 잡아먹어요, 그런 늑대는 눈이 잘 안 보여서 일 거예요."

순임은 자기 얼굴이 예쁘지 않으니 아무도 거들떠보지 않을 것이라며 걱정 없다는 투로 말했다. 태수는 순임이 너무 철이 없어 보여 다시한번 조심하라고 말했다.

"내 말 허투루 듣지 말게, 요즘 늑대는 인물 같은 것은 보지 않고 잡아먹는 일에만 골몰하네, 생김새 따위는 따지지 않네. 나이는?"

"스물."

"딱 좋은 나이구먼, 조심하게, 도시 어디를 가도 늑대 굴이 많다네."

순임은 고등학교를 나온 후 몇 군데 이력서를 넣었으나 번번이 낙방했다. 태수도 여러 번 취직에 실패한 경력을 가지고 있어 순임의 마음을 충분히 이해할 수 있었다. 지금은 백만 있으면 시험도 보지 않고 좋은 직장에 취직하는 세상이다. 그러니 돈이 없고 백이 없는 사람들의 앞날은 더욱 어두울 수밖에 없는 세상이다. 선거철마다 국회의원 출마자들은 한결같이 선거공약으로 젊은 사람들의 취직 문제를 해결해 주겠다고 약속하지만 선거가 끝나면 언제 그런 약속을 했느냐는 식으로 입을 씻었다. 태수는 순임의 이야기를 듣고 가족 같이 생각되어 매일 꽃다방에 들러 오빠처럼 이것저것 당부하는 것을 잊지 않았다.

"남자는 절대 믿어서는 안 되네."

"알겠어요."

"돈을 많이 준다고 남자가 꾀어도 따라가면 안 되네. 그런 곳에 늑대 굴이 기다리고 있네."

"알겠어요."

태수가 순임의 호위 무사로 나선 듯했다. 순임이도 그러는 태수가 싫지 않았다. 지금까지 자기를 여자로 봐주는 사람이 없었는데 태수만은 자기를 여자로 봐 주었다. 어쩌다 순임은 태수가 꽃다방에 나타나지 않으면 몸이 아프지 않을까, 하고 걱정하기도 했다.

몇 개월 후 떠났던 물고기가 돌아왔다. 선창에 묶여 있던 배들도 부지런히 바다로 나갔다. 조용하던 선창가는 종일 부산하게 움직였다. 배에서 나는 통통거리는 엔진 소리, 어부들의 고함치는 소리, 여기저 기서 손님 부르는 소리, 선창가 주변 공사 현장에서 굴착기 돌아가는 소리, 끼룩거리는 갈매기 소리. 선창가는 여러 가지 합창 소리로 가득 했다. 오랜만에 생기가 돌았다.

태수도 일거리가 생기자 살맛이 났다. 태수는 해마다 추석 명절이면 푸짐한 선물을 들고 고향 집에 다녀오곤 했는데 몇 해 못 갔다. 올해는 고기가 돌아오고 일을 할 수 있어 고향에 다녀오게 되었다. 그동안 고향에 못 가는 또 하나의 이유가 있었다. 나이가 서른이 넘어서자 태수 아버지는 혼자 오는 태수를 향해

"자식아, 너는 고자도 아니면서 남들이 하는 연애도 못 하냐?"

하고 야단칠 때는 쥐구멍이라도 있으면 들어가고 싶었다. 그때마다 태수는 불평 섞인 음성으로 투덜거렸다.

"요즘 여자들은 돈이 없는 남자들은 쳐다보지도 않소."

하고 아버지를 원망하는 듯한 소리를 하면 아버지는

"임마, 나는 느 어미하고 돈이 없어도 결혼했어."

하고 큰소리쳤다.

"옛날이야기를 하지 마슈, 지금은 옛날이 아니오."

그 말속에는 은근히 아버지를 원망하는 듯한 내용을 내포하고 있었다. 그것을 모를 리 없는 태수 아버지가 한마디 더 했다.

지붕 없는 방

"한심한 놈, 남들은 돈이 없어도 장가만 잘 가더라. 도시에는 여자들이 길거리에 깔렸다던데 연애하지 못하는 네 잘못이 아니여?"

그러자 태수는 불평 섞인 음성으로 말했다.

"아버지도 젊었을 때 남들처럼 돈을 좀 많이 벌지 그랬어요."

"지금 애비를 원망하는 거냐?"

"그렇다는 이야기입니다."

태수 아버지의 얼굴이 술을 마셨을 때처럼 벌겋게 달아올랐다. 자식 놈이 장가 못 간 이유가 마치 자기 때문인 것처럼 말하는 것 같아 어이가 없었다.

"너는 장가갈 돈을 벌지 않고 여태 뭐했냐?"

"요즘 백이 없으면 취직하기도 힘듭니다."

"못난 놈. 그것도 핑계라고."

태수 아버지는 지금까지 농사를 지으면서 열심히 살았다. 농사란 인건비, 비료 값, 품삯을 제하고 나면 남는 게 없었다. 그래도 열심히 일했다. 돈은 벌지 못하지만 먹고사는 데는 지장이 없었다. 반면에 주식투자하는 사람, 땅 투기하는 사람들은 힘들이지 않고 벼락부자가 되는 것을 보면 세상이 고르지 못하다고 한탄했다. 지금은 한 우물만 파서 부자가 되는 시대는 지나갔다. 농사일밖에 모르는 태수 아버지는 자기가 돈벌이에 무능하면 자식놈이라도 돈을 잘 벌어야 할 것 아니냐고 말하려다가 그만두었다. 자식 입에서 어떤 험한 소리가 나올지 모르기 때문이었다.

태수는 농사일이 싫어 돈을 찾아 객지를 떠돌았으나 취직이 힘들었다. 떠돌다 마지막으로 정착한 곳이 묵호항이다. 정처 없이 떠돌다 보니 돈도 못 벌고 장가도 못 갔다. 태수는 나이를 먹으면서 명절이 돌아오는 게 싫었다. 이는 비단 태수뿐만 아닐 것이다. 혼기를 놓친 사람이라면 누구나 같은 심정일 것이다. 태수는 차라리 명절이 없었으면 좋겠다는 생각까지 하게 되었다. 그런 태수에게 순임을 알게 되었으니 희망이 생긴 것이다. 오늘 태수는 순임에게 가슴속에 묻어두고 있던 이야기를 털어놓기로 했다. 다방에 오래 놔두면 언제 늑대에게 잡아먹힐지 알 수 없었다. 그날 차를 마시면서 순임에게 물어보았다.

"연애해 봤냐?"

그러자 순임이 펄쩍 뛰었다.

"나같이 못난 여자가 어떻게 연애를 해요."

태수는 속으로 은근히 반가운 마음이 들었다.

"그럼 처녀란 말이지?"

"부끄럽게 그런 것을 왜 물어봐요."

"허허허, 그냥."

태수의 마음이 더 급했다. 처녀인 줄 알면 늑대들이 눈에 불을 켜고 달려들 것이다. 늑대가 채 가기 전에 먼저 서둘러야 할 것 같았다.

"오늘 나하고 데이트하자."

"왜요?"

"들려줄 말이 있다."

그때 꽃다방으로 지방에서 주먹깨나 쓴다는 깡패들이 몰려왔다. 인상이 험악한 깡패가 이야기를 들은 것처럼 순임의 손을 덥석 잡고 오늘 저녁 자기하고 모텔로 가자고 노골적으로 말했다. 순임이 몸을 피하자 깡패가 겁을 주었다.

"너는 내가 누군 줄 모르는 모양인데 내 별명은 망치여. 내 주먹 한 방이면 아무리 센 놈도 천당행이거든, 누구든 내 말을 거역하면 이 바닥에서 일하지 못할 거여!"

협박이었다. 태수는 눈이 뒤집혔지만 참을 수밖에 없었다. 상대할 힘도 되지 못했다. 하지만 순임을 깡패 무리에게 빼앗기고 싶지 않아 종일 다방에 죽치고 앉아 일이 끝나기를 기다렸다. 다방 일이 끝나자 서둘러 밖으로 데리고 나와 선창가를 걸었다. 통통거리는 배 엔진 소리, 끼룩거리는 갈매기 소리가 오늘은 정다운 사랑가처럼 들렸다. 태수가 순임에게 말했다.

"나하고 결혼하자."

순임이 깜짝 놀라 펄쩍 뛰었다.

"안 돼요."

"왜 내가 시원찮은 신랑감으로 보이냐? 이곳은 늑대들의 함정이야. 너도 머지않아 잡아먹힐 거야."

"나는 돈을 벌어야 해요."

순임은 결혼할 수 없는 이유가 두 가지라고 말했다. 첫째로 늙은 어머니를 모셔야 하고 두 번째로 동생 학비를 벌어야 하기 때문이라는 것이다. 태수는 그런 문제라면 염려할 필요가 없다고 말했다.

"결혼하면 가족들은 내가 책임질 거네."

"정말요?"

"암, 부부는 일심동체일세. 우리 아버지도 부자네."

순임은 아버지가 부자라는 말에 의심이 가는 모양이었다.

"아버지가 부자라면서 여기서 왜 이 고생해요?"

태수는 목에 힘을 주었다.

"옛말에 젊었을 때 고생은 사서도 한다고 했네. 젊었을 때 고생을 해봐야 나중에 큰일을 할 수 있다는 말일세."

"큰일을 하기 위해서 고생한다는 뜻이군요."

"그런 셈이지."

순임은 태수가 지금까지 자기에게 해 준 일을 생각하면 그 말을 조금은 믿을 수 있을 것 같았다. 우선 결혼하면 남자들에게 시달림을 받지 않아서 좋을 테고, 어머니 모시는 일도 동생의 학비도 걱정 없이 해결해 준다니 귀가 솔깃할 수밖에 없었다. 하지만 순임이도 자존심이 있는 터라 순순히 결혼하자고 나서지 않았다. 사람이 가볍게 보일 것 같아서였다.

"남자에게 부담 주는 결혼은 하고 싶지 않네요."

"절대 부담이 아닐세. 처갓집 식구를 돌보는 것은 사위가 당연히 해

지붕 없는 방

야 할 책무일세. 나와 결혼해 주면 평생 호의호식하며 지낼 수 있도록
하겠네."

"정말이셔요?"

"암, 약속하지."

"그럼 한번 생각해 보겠어요."

"생각하지 말게, 나와 결혼하는 날로 자네는 팔자 펴네."

태수는 쇠뿔은 단박에 뽑으라는 옛말이 생각이 나서 오늘 순임이
다른 마음을 먹을 수 없도록 못을 박기로 했다. 밤이 깊어가자 구름
속에 있던 달이 구름을 밀고 나왔다. 선창가는 달빛에 젖어 아름다웠
다. 철썩이는 파도 소리가 오늘은 두 사람을 위한 노랫소리처럼 들렸
다. 태수가 걸음을 멈춘 곳은 선창가를 지나 역전 모델 앞이었다.

"차라도 한잔하면서…"

속이 훤하게 보이는 행동이었다. 순임이 그 응큼한 속을 모를 리 없다.

"누가 보기라도 하면."

"무슨 상관이야, 장차 부부가 될 사인데."

그러자 순임은 한 번 더 확인하기로 했다.

"정말 식구들을 책임지셔야 해요."

"걱정하지 말라니까. 의심스러우면 확인서라도 써 줄까? 그런 거라
면 천 장이고 만 장이고 써 주겠네. 하지만 그런 종이쪽지가 무슨 소
용이 있겠나. 마음 하나면 그만이지."

"그건 맞는 말이네요."

순임은 오늘은 태수가 하자는 대로 해도 걱정이 없을 것 같았다. 떨리는 마음으로 태수의 뒤를 따라 모텔로 들어갔다. 모텔 안에는 두 사람을 위해 모든 것이 잘 준비되어 있었다. 모텔에서 밤을 보내고 난 후에야 태수는 안도의 숨을 쉬었다. 태수는 금년 추석에는 순임이와 함께 집에 동행할 수 있게 되어 아버지로부터 병신 소리를 듣지 않게 되었다며 마음속으로 기뻐했다.

얼마 후 순임은 몸에 이상을 느껴 병원에 가서 검진을 받아 보니 임신이라고 했다. 태수의 입이 귀밑까지 찢어졌다. 순임은 꼼짝없이 자기의 아내가 될 수밖에 없을 거라며 아버지가 이 모습을 보면 어떻게 나오실지 저절로 흐뭇한 웃음이 나왔다.

"아버지가 무척 좋아하실 걸세."

"정말이셔요?"

"물론이지, 허허허"

그해 추석이 돌아오자 태수는 순임을 앞세우고 고향 집으로 향했다. 고향 산천이 가까워지자 태수는 어깨를 쫙 펴고 마음껏 거드름을 피워 보았다. 마을에 들어서자 개들이 낯선 손님을 발견하고 악을 쓰며 짖어댔다. 그동안 몇 번 다녀갔는데 개들이 내 얼굴을 잊은 것 같군. 동물들은 기억력이 문제야. 태수는 은근히 불만이었다.

집집마다 문이 활짝 열리더니 어떤 사람이 마을로 들어오는지 궁

지붕 없는 방

금한 모양이었다. 사람들이 창문에 얼굴을 내밀고 태수와 순임을 번 갈아 바라보고 있다. 태수가 조금 앞서고 그 뒤를 배가 불룩한 순임이 따르고 있었다. 태수는 앞서가며 어깨를 우쭐거리며 휘파람을 불었다. 태수 아버지는 미리 연락을 받은 탓으로 마당에 나와 느긋하게 태수와 순임을 기다리고 있었다. 순임이 가까이 오자 봉긋하게 나온 배를 보고 흐뭇한 표정으로 말했다.

"허허허 재주가 없는 줄 알았더니."

아버지가 비죽 웃으며 태수에게 말했다. 순임은 얼굴을 붉혔다.

"아버지!"

"그려, 잘했네. 이제 내 아들 같구먼."

태수 아버지는 대견스럽다는 듯 두 사람을 번갈아 바라보았다. 순임은 무안해 얼굴이 벌겋게 달아올랐다. 세상이 아무리 변해도 처녀가 아이를 가졌다는 사실은 부끄러운 일이라고 생각했으나 태수 아버지가 좋아하는 모습을 보자 부끄러운 마음도 잠시뿐 안심되었다. 순임은 방에 들어가 집안을 살펴보았다. 태수의 말과 달리 부잣집 살림치고 모든 것이 너무 소박하게 보였다. 부자라면 집안 내부가 으리으리할 것이라고 믿었으나 달랑 냉장고와 세탁기, 티브이, 전자레인지 한대가 살림의 전부였다. 순임은 의아해서 태수에게 물어보았다.

"아버지가 돈이 많다면서요?"

"그랬지."

"살림이 어째 이래요?"

"어때서?"

"초라해서요."

"겉만 보고 말하지 말게. 우리 아버지는 검소한 분일세."

태수는 태평하게 말했으나 순임은 어쩐지 속은 기분이 들어 가슴이 쿵 하고 내려앉았다. 객지에서 만났으니 집안 사정을 상세하게 알 수 없으나 남자의 말만 믿고 몸을 덜컥 내준 것이 후회되었다. 태수 아버지는 순임의 마음을 읽은 듯 손자 하나만 낳아 주면 집은 물론 자동차도 한 대 사주겠다고 말했다.

"정말이셔요?"

"암, 두말하면 잔소리네."

"아버님이 부자라면서요?"

순임의 물음에 태수 아버지는 벙긋 웃었다.

"태수가 그러던가?"

"네."

"허허허…. 걱정하지 마시게. 돈이야 은행에 얼마든지 있는 것 아닌가."

순임은 태수 아버지의 말뜻을 확실하게 알 수 없으나 지금은 무조건 믿을 수밖에 다른 도리가 없었다. 순임은 남자를 잘 만나면 팔자를 펴는 것은 시간문제라던 태수의 말이 허언이 아니기를 바라고 있었다. 태수는 순임이 좋아하는 모습을 보자 안도하는 듯 어깨를 으쓱했다.

"자네 팔자 피는 일만 남았네."

"알았어요."

태수는 그날 밤 순임을 마음껏 안아 주었다.

시간은 빠르게 흘렀다. 태수와 순임은 추석 명절을 고향에서 잘 보내고 일터로 돌아오기 위해 길을 나섰다. 동구 밖까지 따라온 태수 아버지는 밝은 표정으로 손을 흔들어 주었다. 예전처럼 너는 남들처럼 연애도 할 줄 모르는 바보냐, 하는 소리도 하지 않았다. 태수는 오랜만에 거드름을 피우며 고향 땅을 떠나왔다. 태수는 선창가가 잘 보이는 언덕진 곳에 셋집을 새로 얻어 신혼살림을 차렸다. 급한 대로 티브이, 냉장고 등 꼭 필요한 몇 가지 가전제품을 준비했다, 나머지는 차차 살면서 준비하기로 했다. 결혼식은 돈을 벌면 올리기로 했다. 알 수 없는 것이 사람의 마음이다.

세월이 흘러 태수는 아이가 둘이나 생겼는데도 웨딩드레스를 입혀줄 생각을 하지 않았다. 그러는 사이 친정어머니도 돌아가시고 남동생은 군대에서 제대한 후 서울에 있다며 가끔 연락이 왔다. 순임이 거울을 보니 눈가에 주름이 많이 생겼다. 아이들은 콩나물처럼 쑥쑥 자라고 있는데 결혼식을 빨리 올려야 할 것 아니냐고 사정했다. 태수는 아이가 둘이나 있는데 형식적인 결혼식 같은 것은 하지 않아도 된다고 말했다. 순임은 깜짝 놀라 어떤 일이 있어도 평생 한 번뿐인 웨딩드레스를 입어야 한다고 말했다.

"결혼식을 올리지 않고 살다가 죽으면 원귀가 되어 구천을 떠돈다는데."

순임은 지금 같아서는 그렇게라도 되고 싶은 심정이었다.

"귀신이 어디 있어. 죽으면 그만이지."

"그러면 식을 올리지 않겠다는 거야?"

"형편이 되면 올려야지."

언제나 말뿐인 태수는 순임이 몸이 달아 조를 때마다 방에 느긋하게 누워 딴소리만 했다, 가끔 순임에게 조급하게 굴지 말고 때를 차분하게 기다리게, 식은 올려야지, 하고 달래며 자기의 욕망만 채우면 끝이었다. 이러기를 몇 년을 반복하자 순임은 속이 타서 애원했다.

"웨딩드레스를 입혀주지 않으면 죽어서 진짜 귀신이 되어 밤마다 찾아와 괴롭힐거유."

"개 풀 뜯어 먹는 소리 하는구먼, 귀신은 없다니까."

아이가 둘이나 되니 순임의 어떤 말도 태수에게 먹히지 않았다. 식을 올려주지 않으면 이제 어쩌겠느냐는 식이었다.

"아… 저 인간!"

순임은 속은 것 같아 도망이라도 가고 싶으나 아이가 둘씩이나 매달렸으니 그럴 수도 없게 되었다. 군청에서 형편이 어려운 사람에게 합동결혼식을 올려 줄 테니 결혼식을 치르지 못한 부부는 누구나 신청하라고 연락이 와도 태수는 자존심이 상한다며 거절했다. 순임은 없

지붕 없는 방

는 주제에 자존심만 내세우는 태수가 미웠다.

"개뿔도 없는 주제에 자존심, 정말 결혼식은 안 올려줄 거야?"

"그까짓 것 이제 올려서 뭣해!"

드디어 본성이 나타나는 것 같았다. 순임은 설마 했는데 올 것이 오고야 만 것 같았다. 태수는 배짱 좋게 하고 싶은 대로 해 보라는 투였다.

"나는 웨딩드레스를 꼭 입고 말 거야."

순임이도 고집을 꺾지 않았다.

"마음대로 해."

순임은 여러 차례 웨딩드레스만 입혀주면 소원이 없다고 사정했으나 소용이 없었다. 태수는 결혼식을 올려주지 않으면 이제 뭐 어쩌겠느냐며 해볼 테면 해보라는 식이었다. 순임이도 오늘은 결심하고 달려들었다.

"나무꾼과 선녀 이야기도 몰라? 일생에 한 번뿐인 웨딩드레스를 입혀주지 않으면 나는 선녀처럼 하늘로 훨훨 올라갈 거야."

"웃기고 있네, 날개도 없으면서 하늘은 무슨…."

"당신은 인간도 아냐!"

"그럼 짐승이라는 거야?"

"짐승 만도 못하지. 짐승도 이러지는 않아, 나도 생각이 있네."

"마음대로 해봐!"

순임이 무슨 말을 해도 태수는 배짱이었다. 마음대로 해 보라는 투였다. 태수는 마음속으로 아무리 모진 여자라도 이이를 둘이나 놔두고 도망가지 못할 거라고 안심하는 눈치였다.

"집을 나가겠어."

"자신 있으면 나가보시든가."

"나중에 후회하지 말어."

"후회는 무슨, 걱정하지 마시게."

태수는 지금 세상이 어떻게 돌아가는지 전혀 모르는 것 같았다. 이혼을 밥 먹듯이 하는 세상이다. 서로 마음이 맞지 않으면 자기 핏줄인 자식마저 헌신짝처럼 버리고 이혼하는 냉정한 세상이다. 예전처럼 참고 살지 않는다. 아무것도 모르는 태수는 마음속으로 네가 아무리 그래도 자기가 낳은 자식을 버리고 가버릴 만큼 마음이 모진 여자가 아니라고 믿었다. 그러나 사람의 깊은 마음속을 어찌 알 수 있으랴. 여자가 독한 마음을 먹으면 오뉴월에도 서리가 내린다는 말이 있다. 그날 밤 순임은 아이들이 잠이 들기를 기다려 집을 나왔다. 가출한 것이다. 태수가 아침에 눈을 뜨니 순임은 집을 나가고 없었다. 이웃에 갔거니 했다가 며칠 기다려도 순임은 돌아오지 않자 비로소 가출한 줄 알고 갈만한 곳을 다 수소문해 보았으나 알 수 없었다. 며느리가 가출했다는 소식을 전해 듣고 태수 아버지 부부가 급히 태수를 찾아왔다.

"너는 세상 돌아가는 물정도 모르냐?"

"어떻게 돌아가는데요?"

"요즘은 한 집 건너 이혼한 가정이다. 여자가 왕이라는 거 왜 몰

라. 느 어미를 봐라."

"어머니가 왜요?"

"평생 함께 살고 있지만 나는 지금까지 꼼짝 못 하고 살고 있다. 그
게 요즘 세상인심이다. 멍청한 것."

태수 어머니는 남편의 말이 틀린 말이 아니라는 듯 고개를 끄덕였
다. 순임이 아이 둘을 버리고 가버린 것은 핏줄을 귀하게 여기던 세상
같으면 일어날 수 없는 일이지만 지금이 어떤 세상인가. 핏줄 같은 것
은 안중에도 없는 세상이다. 집안이야 어찌 되건 말건 자기 행복만 추
구하는 세상이다. 태수는 백방으로 순임이 갈 말한 곳을 찾아다녔으
나 행방이 묘연했다. 처음 만났던 꽃다방을 찾아갔으나 거기도 없었
다. 자초지종 이야기를 들은 정 마담이 야단쳤다.

"요즘 집 나가는 여자가 한둘인 줄 아슈. 있을 때 잘해야지."

태수는 매일 꽃다방에 들렀다. 선창가에는 여전히 사람들의 악다구
니 치는 소리, 통통거리는 배 엔진소리, 뚜 하고 울리는 뱃고동 소리,
끼룩거리는 갈매기 소리. 모두가 예전 그대로지만 순임의 모습만은 어
디에도 보이지 않았다.

"돌아오면 꼭 웨딩드레스를 입혀줄 거야."

태수의 가슴속이 점점 까맣게 타들어 갔다. 태수는 오늘도 일할 생
각을 하지 않고 꽃다방에 앉아 목을 길게 뽑고 선창가를 하염없이 바
라보며 순임이 돌아오기만을 애타게 기다리고 있었다.

영랑 뒤에 오는 것
별을 찾아서

큰길가에 나란히 서 있는 벚나무에 꽃들이 눈처럼 하얗게 내려앉았다. 꽃향기를 실은 바람은 넓은 들판을 지나고 개울을 건너 이곳 '전국 노래자랑' 무대가 차려진 동도리 마을까지 불어왔다. 무대가 만들어진 동도리 마을에는 긴장감이 흐르고 있었다. 마을 어른들은 오늘 하루 농사일을 전폐하고 행사장에 모였다. 동도리 마을이 생긴 이래 처음으로 열리는 큰 행사였다. 군수님을 비롯해 지방 유지들도 자리를 같이 했다. 예심을 거쳐 올라온 사람들은 초조한 마음으로 행사가 시작되기를 기다렸다. 잠시 후 사회자가 무대에 등장하고 곧이어 예심을 거쳐 올라온 예비 가수들이 한 명씩 차례로 무대에 올라와 자기 실력을 마음껏 발휘했다. 노래가 끝날 때마다 요란한 박수와 함성 소리가 동도리 마을을 흔들었다.

드디어 순서를 기다리던 윤소라 차례가 왔다. 두근거리는 마음으로 무대에 올라갔다. 윤소라의 평생소원은 화려한 무대에서 화려한 옷을 입고 화려하게 번쩍거리는 조명등 아래 노래 부르는 것이었다. 오늘은 번쩍거리는 조명등이 없어도 많은 사람들 앞에서 자신의 애창곡인 '별아 내 가슴에'를 목청껏 뽑을 수 있어 좋았다. 노래가 끝나자 박수 소리가 요란했다. 윤소라는 구름을 타고 하늘을 나는 기분이었다. 무대에서 내려오자 긴장감이 일시에 찾아온 듯 다리가 풀려 후들거렸다. 대기실에서 초조하게 결과를 기다렸다. 오 분, 십 분, 한 시간, 아니 더 긴 시간이었을까, 사회자의 발표가 시작되었다. 장려상부터 차례로 시상식을 하다가 대상 발표 시점에서 사회자가 긴장감을 높이기 위해 시간을 끌었다. 그때까지도 윤소라의 이름은 없었다. 기다리는 동안 가슴이 콩닥콩닥 뛰었다. 사회자가 사방을 한번 훑어보더니 대상을 발표했다.

"대상은 '별아 내 가슴에'를 부른 윤소라가 차지했습니다."

윤소라의 가수의 꿈이 이루어지는 순간이었다. 동도리 마을 사람들은 개천에서 용이 났다며 야단법석이었다. 마을이 생긴 이래 가수 탄생은 처음이라며 군수님의 꽃다발이 마을 회관에 도착하고 기관장들의 축하 메시지도 속속 전달되었다. 윤소라는 시골 사람들도 노래만 잘하면 가수가 될 수 있다는 꿈을 확실하게 보여주었다. 이날 심사위원으로 참석한 서승일 작곡가도 윤소라가 대성할 가수라고 칭찬했다. 윤소라의 가슴은 부풀었다. 윤소라의 출세는 받아 놓은 밥상이나 다름이 없었다. 동도리 마을회관 앞에 새로운 현수막이 걸렸다.

가수 탄생 윤소라 파이팅!

동도리 명가수 탄생 만세!

우리 군민(郡民)의 딸 만세!

동도리 마을에서는 고등고시에 합격하거나 명문 대학에 합격하면 모교는 물론이고 마을회관 앞에 위대한 인물 탄생을 알리는 현수막을 걸어 놓았다. 오지명 판사가 탄생했을 때도 그랬고, 이명우 시인이 탄생했을 때도 그랬고, 김철수가 아마추어 복싱 대회 신인왕을 먹었을 때도 그랬다. 동도리 고등학교 축구부가 전국 대회에서 우승했을 때도 현수막이 내걸렸다. 이번에는 윤소라의 가수 탄생을 알리는 현수막이 걸린 것이다. 그러나 이러한 환희의 순간도 얼마 가지 못했다. 어떤 레코드사에서도 윤소라에게 음반을 내주겠다는 소식은 들려오지 않았다. 윤소라의 장밋빛 행복은 얼마 가지 못해 물거품이 되고 말았다. 그러자 아버지는 그 보란 듯이 말했다.

"송충이는 솔잎을 먹어야 살고 누에는 뽕잎을 먹어야 사는 거여. 너는 어디로 보나 타고난 농사꾼이여. 가수가 되겠다는 헛꿈 꾸지 말어."

그러나 윤소라는 가수의 꿈을 접지 못했다. 나 같은 천재 가수가 이런 시골구석에서 썩을 수 없다며 다음 해 꽃 피는 봄이 오자 서울로 상경했다. 가수가 되기 위해서 돈이 있어야 한다는 사실을 알고 친구 언니가 운영하고 있는 미용실에서 청소 일을 하고 기술을 배우면서 가

지붕 없는 방

수의 꿈을 키웠다. 가수의 꿈을 이루기 위해서는 이런 고생쯤은 감수해야 한다고 결심했다, 어떤 가수는 중국집 철가방을 배달하다 가수가 되었고 어떤 가수는 몇 년 동안 작곡가 사무실에서 청소 일을 하다가 유명한 가수로 성공한 사람도 있었다.

윤소라는 육 개월 만에 미용사 자격증을 따고 정규 직원이 되어 봉급도 많이 받았다. 돈이 생기자 윤소라는 연예 기획사를 찾아갔다. 그곳에서 매니저 일을 하는 오달춘을 소개받았다. 오달춘이 고향 사람이라는 사실을 알고 윤소라는 내심 반가워하면서 자기소개를 했다. KBS방송국에서 주최하는 전국노래자랑에서 당당하게 대상을 차지했으나 어떤 회사도 음반을 내주겠다는 곳이 없었다며 서운한 감정을 털어놓은 후 반드시 톱 가수가 되고 싶다고 포부를 밝혔다.

"노래는 나의 운명이고, 부모님이고 애인이고 오빠입니다."

그러나 오달춘은 세상은 노래만 잘한다고 가수가 되는 것이 아니라며 충고했다.

"가수의 길은 험난하다. 노래만 잘한다고 가수가 되는 게 아니다. 무대의 화려함 뒤에는 가시밭길이 숨어 있다. 철없이 날뛰다가는 실패할 수 있다."

윤소라가 간절하게 말했다.

"그럼 어떻게 하면 되나요?"

"요즘 농작물도 비료만 먹고는 못 산다. 비타민도 먹고 클래식 노래도 먹는 거 알지?"

농촌에서 자란 윤소라는 잘 알고 있었다. 농작물이 자라는 곳에 항상 크래식 음악이 흐르고 있었다. 농작물도 노래를 들으면 잘 자란다는 것이다.

"네."

오달춘은 가수가 되기 위해서 노래도 잘해야 하고, 돈도 많이 들어가고, 피나는 노력도 필요하다고 말했다. 윤소라는 가수로 키워주면 그 은혜는 꼭 갚겠다고 약속했다. 톱 가수반열에 오른 홍난아, 이영술, 임나숙도 오달춘이 만들어 낸 가수들이다. 밤무대가 가수들의 밥줄이었던 시절이었다. 밤업소는 가수들의 유일한 수입처여서 누구나 눈독을 들이는 곳이었다. 윤소라는 오달춘만 잡고 있으면 톱 가수가 되는 것은 시간문제라고 생각했다. 며칠 후 오달춘은 충무로 스타다방에서 윤소라의 아버지를 만났다.

"고향 분이라는데 잘 부탁해유."

"최선을 다해 보지요."

그날부터 오달춘은 특별히 윤소라 아버지의 부탁을 받고 뒤를 봐주기로 약속했다. 오달춘이 윤소라의 뒤를 봐준다는 소문 때문에 일 년도 안 되어 밤무대에서 중견가수 반열에 진입했다. 윤소라의 인기는 날로 급상승했다. 윤소라가 부른 '사랑은 눈물 꽃'이라는 노래는 밤업소뿐만 아니라 방송을 타며 팬들의 사랑을 받았다. 인기가 오르자 밤무대도 다섯 곳이나 겹치기 출연했다. 이제는 몸이 열이라도 모자랄 지경이었다. 사글셋방에서 전세방으로, 전세방에서 십팔 평 아파트로, 십팔 평 아파트에서 사십 평 아파트로 옮겨 갔다. 후속곡인 '내 입술을 당신에게'도 인기 반열에 진입했다. 인기가 치솟는 사이 윤소라는 예전의 순박한 시골 처녀가 아니라 시골티를 완전히 벗어버린 까칠한 도시 여자로 변해 있었다. 주위에서는 일을 봐주겠다는 사람들이 줄을 섰다. 자주 만날 수 없었던 오달춘과의 관계가 자연히 멀어져 갔다. 오달춘은 윤소라를 만나본 지 오래되었다.

윤소라는 더 넓은 세상으로 나가기 위해서는 발이 넓은 사람이 필요하다고 생각했다. 인간의 탐욕은 끝이 없다. 윤소라는 지금의 인기로 만족하지 못하고 더 높은 곳을 바라보고 있었다. 인기가 오르자 윤소라는 점점 더 거만해지고 안하무인(眼下無人)으로 변해갔다. 자기 혼자의 노력으로 지금의 자리에 올랐다고 생각했다. 인기가 올라가자 처음 자기를 돌봐주던 사람들과 자연히 멀리했다. 배은망덕(背恩忘德)한 짓이다. 인기는 불과 같아서 활활 타오르다가도 꺼져버리면 재만 남게 된다는 사실을 윤소라는 알지 못했다. 오달춘은 연예계에서 배신행위는 흔하게 겪는 일이어서 신경 쓰지 않았다. 몇 개월 후 윤소라로부터 밤무대가 끝나는 시간에 조용한 곳에서 술이나 한잔하자며 전화가 왔다. 윤소라에게 오달춘은 고향 사람이고 은혜를 입은 사람이기는 하지만 지금은 마음속에 짐으로 남아 있었다. 오히려 앞길을 막고 있어 청산해야 할 사람이라고 생각했다.

"웬일이냐? 바쁘신 분이 내 생각을 다 하시고."

"얼굴을 본 지도 오래되었고, 또…."

"또 뭐냐?"

"술 한잔하면서 여러 가지 드릴 말씀도 있고…."

"내게 할 말이 남았다는 거냐?"

"고급 룸살롱에서 대접하고 싶어요."

"나는 그런 곳에서 술을 마시면 목구멍에 털이 나는 성미다. 소래포구로 하지."

소래포구는 충무로 입구에 있는 작은 목로주점으로 오달춘이 이십년째 즐겨 다니는 단골술집이었다.

"돈 좀 쓰려고 했는데 잘됐네요."

"인기 가수와 술 한잔하는 것만으로 내가 영광이지."

밤무대가 끝났다. 도시의 화려한 네온 불이 하나둘 자취를 감추었다. 밤이 깊어갔다. 두 사람은 오랜만에 소래포구에서 소주잔을 기울였다. 오달춘은 자기 곁을 떠난 윤소라에게 별로 할 이야기가 없었다. 한참 후 오달춘이 침묵을 깨고 말문을 열었다.

"내게 하고 싶은 말이라는 게 뭐냐?"

"그동안 고마웠어요."

"새삼스럽게 고맙다는 인사를 받으니 눈물이 다 날라고 하는구먼,"

오달춘이 잔을 비웠다.

"저는 대한민국에서 제일가는 가수가 되고 싶어요."

지금의 인기로는 만족할 수 없다는 이야기였다.

"잘 들어라, 과유불급(過猶不及)이란 말이 있다. 지나친 욕심은 오히려 신세를 망칠 수 있다는 거 명심해라. 고향 사람이니까 일러주는 거야. 오늘은 모처럼 만났으니 그런 이야기는 그만두고 술이나 마시자."

"선생님에게 진 빚을 갚고 싶네요."

"어떻게 갚을 건데?"

"오늘 하루 저를 드리고 싶어요."

"나를 그런 인간으로 봤다면 오산이야."

"선생님이 아니었으면 저는 시골에서 흙이나 파는 여자로 살아가겠지요."

"인기가 오르더니 너무 발전했구먼."

오달춘은 윤소라와 헤어진 후 밤비를 맞으며 혼자 충무로를 걸었다. 예전의 순진했던 윤소라가 아니라 지금은 탐욕으로 가득한 사람으로 변해 있었다. 밤무대에서 윤소라의 인기는 절정을 향하고 있었다. 따라서 밤무대 공연 시간도 톱 가수들이 배정되어 있는 3부로 잡혔다.

밤업소는 영업적인 측면에서 인기 가수들의 출연은 밤이 늦은 시간인 3부로 잡았다. 이 시간대가 되면 술꾼들은 술에 취해 돈을 물 쓰듯 하기 때문이다. 가수들에게 야유를 보내고 욕설을 퍼붓고 술병도 날려 보내 가수에게 부상을 입히는 시간이기도 하다. 며칠 후 밤무대 공연이 끝나갈 무렵이었다. 사회자 강경태가 윤소라에게 말을 걸어왔다.

"일이 끝난 후 나 좀 보지."

"왜요?"

"대한민국에서 제일가는 가수가 되고 싶다면서?"

"네."

"그 비결을 오늘 밤 내가 알려주지."

인기에 목말라하는 가수들의 심리를 사회자 강경태는 교묘하게 이용하고 있었다. 밤무대 사회자는 가수들의 목줄을 쥐고 있었다. 사회자의 밤무대 인기 비결은 저속한 입담 때문이었다. 업소(業所) 사장도 인기가 좋은 강경태를 함부로 대하지 못했다. 기수들도 마찬가지였다. 강경태 주변에는 무대에 오르기 위한 무명 가수들이 진을 치고 있었다. 윤소라도 밤업소의 최고 자리에 오르려면 강경태를 밟고 넘어가야 할 산이라고 생각했다. 신인 가수들은 접근조차 할 수 없는 높은 산 같은 존재였다. 윤소라는 그 거대한 산이 오늘 밤 제 발로 다가오리라고는 상상조차 하지 못했다. 보통 아쉬운 쪽에서 먼저 매달리는 것이 순서지만 오늘은 달랐다.

후덥지근하던 날씨가 밤이 되자 비를 뿌리기 시작했다. 강경태는 업소 일이 끝나자 자기 승용차에 윤소라를 태우고 남산으로 올라갔다.

지붕 없는 방

차창 밖으로 보이는 서울의 거대한 불 꺼진 건물들이 빗속에 괴물처럼 우뚝 서 있었다. 가로등 불빛에 빗줄기가 사선을 긋고 있었다. 바람이 불고 있었다. 두 사람을 태운 승용차는 남산 언덕길을 오르더니 가로등 불빛이 비치지 않는 으슥한 곳에 차를 세웠다. 밤 깊은 도시전체가 빗물 속에 잠긴 듯했다.

"가수왕이 되고 싶다고 했지?"

강경태가 물었다.

"네."

"그 꿈을 내가 이루게 해 주지."

"어떻게요?"

"대신 한 가지 조건이 있다."

"뭔데요?"

"너를 가질 수 있어야 한다. 새장 속의 새도 항상 날아갈 준비가 되어 있거든."

"날아갈까 두려우세요?"

"물론이지. 너를 키워 준 사람을 이미 한 번 버렸잖아."

윤소라는 망설이지 않았다.

"좋아요."

"내일 인기 작곡가를 소개해주지. 나하고 형, 아우 하는 사이니까 거절 못 할 거야."

그날 윤소라는 강경태가 무엇을 요구하는지 알고 있기 때문에 출세를 위해서 들어주기로 했다.

"대신 약속을 이행하지 않으면 오늘 일을 신문에 폭로할 거예요. 신문들은 신이 나서 충격 사건으로 떠들어 대겠죠. '유명사회자 강 아무개, 가수 납치 강간하다.' 어때요? 그러면 경찰도 가만히 있지 않을 걸요."

"그러겠지."

윤소라는 출세하기 위해서는 자기 몸은 얼마든지 망가져도 좋다고 생각했다. 이후 윤소라는 점점 더 퇴폐적이고 저질적인 모습으로 변해 갔다. 시골에서 상경했을 때의 순진했던 윤소라의 모습은 어디에서도 찾을 수 없었다.

하루는 오달춘이 낯선 전화를 받고 충무로 입구 스타다방으로 나갔다. 윤소라의 아버지가 기다리고 있었다. 스타다방은 한때 대한민국에서 명성이 자자한 스타들이 아침저녁으로 모여 차를 마시던 장소였으나 지금은 다 떠나가고 신인 배우들이 몇 사람 모여 차를 마시고 있었다. 윤소라의 아버지는 오달춘을 만나자 딸을 인기 가수로 만들어 주어 고맙다고 인사했다.

"동도리 마을에서는 개천에서 용이 났다고 칭찬이 자자해유. 이게 다 오선생 덕분이구먼유."

하자 오달춘은 손사래 쳤다. 윤소라는 이미 자기 곁을 떠난 지 오래되었으며 지금은 자기와 아무 관계가 없다고 말했다. 윤소라의 아버지는 자기 딸이 은혜를 저버릴 만큼 파렴치한 아이가 아니라고 말한 후 딸에게 전화했다. 전화를 받은 윤소라가 급하게 스타다방에 나타났다. 손목에는 번쩍거리는 보석이 달린 팔찌를 끼고 귀에는 손바닥만 한 귀걸이가 매달려 흔들거렸다. 노출이 심한 의상을 걸치고 입술에는 짙은 립스틱을 발랐다. 윤소라의 아버지는 자식의 변한 얼굴을 바라보더니 믿어지지 않는 모양이었다.

"모습이 그게 뭐여?"

"저는 인기를 먹고 사는 직업입니다."

"인기를 먹고 사는 직업은 다 그런 모습을 하는 거여?"

윤소라의 아버지는 어이가 없는지 펄쩍 뛰었다. 윤소라가 투덜거렸다.

"전화로 말씀드렸잖아요. 오 선생님은 저와 아무 관계가 없는 분이라고요."

그러자 윤소라의 아버지는 혀를 찼다.

"가순가 뭔가 되더니 사람을 버렸구먼. 은혜를 그런 식으로 갚다니, 이제는 내 딸이 아닐세."

그런 후 오달춘에게 정중히 사과했다.

"미안합니다. 대신 사과 드려유."

윤소라의 아버지는 뒤도 돌아보지 않고 가버렸다. 윤소라는 출세라는 목표를 향해 전력 질주하고 있는 마라톤 선수일 뿐 품 안의 자식이 아니었다. 윤소라는 인기 병이라는 중독에 걸려 물불을 가리지 못하는 괴물로 변해 있었다. 인기가 오르자 매니저 일을 봐주겠다고 나서는 사람들이 줄을 섰다. 이야기를 전해 들은 오달춘은 "멀지 않아 한 인간의 절망하는 모습을 보게 되겠구먼." 하고 한탄했다.

많은 사건이 있었음에도 행운은 윤소라를 따르고 있었다. 가을이 되자 윤소라는 국제가요제에 한국 대표로 참석할 것이라는 소문이 연예가에 파다하게 떠돌았다. 뒤를 봐주는 사람이 한국방송 장 피디라는 소문이었다. 뒤를 따라 이상한 소문도 돌았다. 장 피디와 윤소라가 대한호텔에서 나오는 것을 봤다는 소문이었다. 기자들은 사건의 진실을 알기 위해 혈안이 되었다. 기자들이 매일 윤소라에게 인터뷰를 요청했으나 거절당했다. 유일하게 연예저널 김 기자의 인터뷰만 허락했다. 많은 구독자를 가지고 있기 때문이었다.

"국제가요제에 참가한다면서요?"

"네."

"장 피디가 손을 썼다는데 사실인가요?"

"모함입니다."

"그럼 장 피디와는 모르는 사이입니까?"

"알고 있어요."

"본인의 실력으로 가요제에 참가할 수 있게 되었다고 생각하십니까?"

"당연합니다."

김 기자는 예리한 눈으로 윤소라를 바라보았다.

"장 피디와 호텔에서 나오는 것을 봤다는데 사실인가요?"

윤소라가 펄쩍 뛰었다.

"누가 그런 말도 안 되는 소리를 떠벌리고 다니는지 모르겠지만 뜬소문 가지고 기사를 쓰면 명예훼손으로 고발하겠어요."

"오달춘과는 완전히 손을 끊었습니까?"

"네, 관계가 없습니다."

"배신자라는 소문이 돌고 있던데 어떻게 생각하십니까?"

"저는 강물이 한곳에 머물러 있으면 썩게 된다는 진리를 믿고 있는 사람입니다."

윤소라의 강력한 부인에도 다음 날 신문 연예란에는 '인기 가수 윤소라, 장 피디와 호텔에 투숙'이란 제목으로 신문 연예란을 도배했다. 기자들은 사람들의 이목을 집중시키는 천재적인 재능을 가지고 있었다. 그해 가을에 열린 국제가요제에서 윤소라는 '내 사랑은 나밖에 몰라'라는 곡으로 당당하게 우수상을 수상했다. 윤소라의 시건방은 날이 갈수록 하늘을 찔렀다. 각 언론사 연예부 기자들이 윤소라의 인터뷰를 요청할 때마다 장 피디의 승낙을 받아야 가능하게 되었다.

"사람 팔자 시간문제라더니."

"개구리 올챙이 때를 생각해야지."

사람들은 비아냥거렸다. 윤소라는 인기가 오르자 점점 더 건방지고 안하무인으로 변해갔다.

　윤소라가 국제가요제에서 우수상을 수상했다는 소식에 감동한 오달춘은 비록 자기를 배신하고 곁을 떠난 가수지만 고향 사람인데다 처음 가요계에 발을 들여놓게 한 옛정을 생각해서 축하의 말이라도 전하기 위해 한국방송국에 전화를 걸었다. 잠시 후 장 피디가 전화를 받았다.
　"윤소라와 통화를 하고 싶습니다. 할 말도 있고....."
　"무슨 내용인지 모르겠습니다만 저에게 말씀하시죠."
　"본인하고 통화를 하고 싶습니다."
　"본인은 지금 방송 관계로 바쁩니다. 제게 말씀해 주시면 전해드리겠습니다. 제가 윤소라의 매니저 일을 보고 있는 장 피디입니다."
　하자 오달춘의 음성이 높아졌다.
　"어이, 장 피디?"
　"누구신데 건방지게 반말을 하고 그러시는가?"
　"오달춘일세. 자네 윤소라 일을 보더니 사람이 완전히 달라졌구먼."
　"선배님."
　"자네 언제부터 방송국 일을 하지 않고 가수 뒤를 봐주는 직업으로 바꿨나. 방송국에 사표라도 냈는가?"
　"죄송합니다. 그런 것이 아니라…."
　"이런 식으로 나오면 몹시 섭섭하지, 생색내려는 것은 아니지만 그

아이는 같은 고향 사람이어서 처음부터 돈을 받지 않고 내가 뒤를 봐 준 아이일세. 서승일 작곡가에게 특별히 부탁해서 무료 레슨을 해 준 가수일세. 무명 가수가 크더니 자기 노력으로 컸다고 생각했는지 미련 없이 내 곁을 떠나더니 결국 자네를 믿었군."

"선배님, 그게 아니라 윤소라가 찾아와서 아무도 일을 봐주는 사람이 없다고 사정해서…."

"자네도 그 아이도 너무 컸어."

"용서하십시오."

"내가 후배의 목이나 자르는 사람으로 보이나. 이만 전화 끊겠네."

"선배님."

전화를 끊은 지 한 시간도 안 되어 윤소라가 사색이 되어 오달춘 앞에 나타났다. 오만으로 가득했던 얼굴은 간 곳이 없고 죽을상이 되었다. 오달춘의 말 한마디면 자기가 천 길 벼랑 끝으로 떨어질 수 있다는 사실을 깨달은 듯했다. 배신의 열매가 얼마나 쓰고 무서운지 처음으로 경험하는 표정이었다. 오달춘의 머리에는 윤소라라는 가수의 이름은 지워지고 없었다.

"선생님! 제가 철이 없어 그랬어요. 용서해 주세요."

"나는 윤소라라는 가수는 모르는 사람일세."

"선생님, 원하는 것이면 무엇이든 다 드리겠습니다."

"그 버릇은 여전하구먼, 자네 같은 사람이 많은 연예인의 얼굴에 먹칠을 하고 있다는 사실을 깨달았으면 좋겠네."

"선생님."

윤소라의 소문은 연예가에 빠르게 퍼졌다. 이런 사건이 있은 다음 신문에서도 방송에서도 윤소라의 이름은 자취를 감추었다. 팬클럽 '소라사랑모임'에서는 그녀의 행방을 수소문하기 위해 인터넷을 뒤지는 등 발칵 뒤집혔으나 추측성 글만 인터넷을 달구고 있을 뿐 그녀의 행방은 오리무중이었다. 하루는 오달춘이 충무로에 있는 소래포구에서 소주를 마시고 있는데 박 마담이 화보 책자 하나를 들고 나타났다.

"선생님, 보셨어요? 윤소라가 드디어 해냈네요."

"어쨌는데?"

"벗기 시작했어요."

"이번에는 발작까지 했구먼."

잡지 화보에는 전라의 윤소라가 퇴폐적인 포즈를 취하고 있었다. 눈과 입에 요염한 웃음을 가득 매달고 젖가슴에는 붉은 장미꽃 한 송이가 위험한 모습으로 매달려 있었다. 윤소라의 퇴폐적이고 색정적인 사진이 공개된 지 하루 만에 신문에 충격적인 뉴스가 떴다.

'한국방송 장 피디 부인, 가수 윤소라 간통죄로 경찰에 고소'

오달춘은 말없이 자리에서 일어났다.

"가시려고요?"

"가야지, 이제 나도 연예계를 떠나야 하겠어."

자리에서 일어난 오달춘은 네온 불이 꺼진 충무로 밤거리를 힘없이 걸어갔다. 저물어가는 쓸쓸한 가을 거리에는 낙엽만이 뒹굴고 있었다.

동창생의 비밀

팔월 초순, 무더운 여름 햇살에 아스팔트 길이 더운 김을 훅훅 뿜어 내고 있었다. 말복을 앞두고 더위가 극성을 부리고 있다. 박동수가 인사동 입구 공연마당 앞을 지나고 있을 때였다. 저만치 한 사내가 이쪽을 향해 손을 흔들었다. 초등학교 동창생 강민우였다. 그는 머리에 베레모를 쓰고 엷은 하늘색 티셔츠를 입고 있었다. 사업을 하면서도 여전히 예술가처럼 하고 다녔다. 일주일에 한 번씩 인사동 화랑(畵廊)에 들려 그림을 감상하는 것이 일상처럼 되었다. 박동수도 반갑게 손을 흔들어 보이며 화답했다.

"여전하시구먼."

"여전하다네."

두 사람은 가까이 와서 손을 마주 잡으며 반가워했다. 지난해 동창회 모임 때 만나고 난 후 처음이었다. 이들은 쉰을 바라보는 동갑내기로 건강은 여전한 듯 팔팔해 보였다. 두 사람은 학창 시절에 화가를 꿈꾸었지만 먹고살기에 바빠 중도에 포기했다. 한때 두 사람 다 큰 희망을 품고 국전에 작품을 출품한 적도 있었지만 입선했다는 소식은 전해오지 않았다. 그래도 화가의 꿈을 쉽게 버리지 못한 탓인지 나이가 들어도 두 사람은 인사동을 찾아 화랑을 이곳저곳 기웃거렸다. 그러다 오늘 우연히 마주치게 되었다. 넓은 서울 하늘 아래서 초등학교 동창생을 만나게 된 것이 꿈만 같았다.

"하느님이 우리에게 특별히 자비를 베푼 거지."

그러면서 강민우는 박동수의 아내 소식이 궁금한 모양이었다.

"제수씨도 안녕하시고?"

"이 사람, 형수님이라고 해야지, 덕분에 여전하다네."

실없는 소리를 주고받으며 두 사람은 탑골공원 쪽을 향해 걸어갔다. 서울 거리는 더위로 가마솥처럼 뜨거웠다. 아스팔트 길은 여전히 열기를 내뿜고 있었다. 시원한 바람은 빌딩 숲에 막혀 도심 안으로 들어오지 못하는 것 같았다. 도심 어디나 사오십 층 고층빌딩들이 매일 하늘 높은 줄 모르고 치솟고 있었다. 이러다 도심 전체가 숨을 쉴 수 없을 정도로 고층 건물로 뒤덮이고 말 거라고 두 사람은 생각하고 있었다.

"어디 가서 해후(邂逅)의 기쁨으로 목이나 축이세."

"그럴까."

"세상에 술이 없다면 어떻게 되었을까."

"집에서 지겨운 마누라 얼굴이나 보며 살았겠지."

두 사람은 인사동 입구 공연마당을 돌아 허리우드극장이 보이는 곳에 이르렀다. 탑골공원의 건너편에 긴 담을 따라 군데군데 연두색 넓은 그늘막이 보이고 그 밑에 노인들이 모여 장기를 두고 있었다. 노인들이 수백 명씩 모여 북적이던 종묘공원이 정리되면서 노인들이 갈 곳이 없어져 여기저기 흩어졌다. 탑골공원 담장 밑도 이때부터 본격적인 노인들의 놀이터가 되었다.

한때 종묘공원 앞길은 노인들의 천국이었다. 매일 노인들이 북적거렸다. 온갖 잡상인(雜商人)이 종묘공원 앞 길거리에서 여러 가지 물건을 팔고 있었고 한쪽에는 노인들이 모여 정치 이야기를 하며 목청을 높이고 있었다. 그러다 자기 생각과 다른 사람이 있으면 언성을 높이며 말다툼을 하다가 기어코 멱살잡이까지 했다. 경비원이 와서야 겨우 싸움이 끝이 났다. 다른 한쪽에서는 악기를 동원해 종묘공원이 들썩이도록 유행가를 부르는가 하면 박카스 아줌마가 노인을 유혹해 모텔로 가는 모습도 보였다.

종묘는 역대 임금님들의 혼백을 모신 곳이지만 노인들에게는 관심이 없었다. 그런 종묘공원이 새롭게 단장되면서 노인들은 갈 곳을 잃고 종로를 중심으로 사방으로 흩어졌다. 몇 사람이 모이던 탑골공원 담장 밑도 이때부터 본격적으로 노인들이 모이는 장소가 되었다. 탑골공원 옆 허리우드극장이 보이는 거리에는 대형 관광버스가 줄 서 있었다. 인사동으로 가는 외국 관광객을 싣고 온 모양이었다.

지붕 없는 방

박동수와 강민우 두 사람은 신호등 앞에 섰다가 녹색 신호등이 켜지자 길을 건너 탑골공원 쪽으로 향했다. 낙원상가 쪽으로 허름하고 오래된 낡은 단층 건물에는 순대국밥집들이 죽 늘어서 있었다. 할머니들이 국밥을 팔고 소주도 파는 곳이다. 이곳은 주머니가 얇은 사람들이나 노인들에게는 천국과 같은 곳이다. 강릉집도 이곳에 있었다. 박동수와 강민우는 강릉집에 들어가서 순대국밥과 소주를 시켰다. 할머니들은 자기 출생지 지명을 따서 음식점 이름을 지은 것 같았다. 잠시 후 허름한 탁자 위에 순대국밥과 양파 몇 조각, 청양고추 몇 개, 김치 한 접시가 놓였다. 소주잔이 몇 번 오고 갔다. 홀은 사람들이 열 명 앉으면 서로 어깨가 부딪칠 정도로 비좁지만 여기저기서 큰 소리로 떠들어도 불평하는 사람이 없었다. 이곳은 모두 처지가 비슷한 사람들이 모이는 곳이다. 해가 지면 순대국밥집은 손님들로 만원이 되었다. 가로등에 불이 들어오고 네온사인이 화려한 불을 밝히면 서울의 뒷골목도 새로운 모습으로 변신했다. 퇴근하는 회사원들이 마술에 걸린 듯 술집을 찾아 거리를 방황하는 모습이 보였다. 회사원들은 하루의 피로를 풀기 위해 술집을 찾아 이리저리 헤매고 다녔다. 금세 순대국밥집은 손님들로 만원이 되었다. 외국인도 있었다. 술꾼들은 술에 취하면 마음 놓고 회사에 대한 불만, 상사에 대한 불만, 봉급에 대한 불만, 시국에 대한 불만, 아내에 대한 불만을 마음껏 털어놓으며 소주잔을 쩅쩅 부딪쳤다.

"출세를 위해 애쓰는 불쌍한 인간들을 위하여 잔을 드세."

"나는 구두쇠 마누라를 위하여 잔을 들겠네."

"나는 짠돌이 사장님을 위하여!"

박동수와 강민우도 그들과 함께 어우러져 잔을 들었다. 금세 술병이 비었다. 강릉댁이 소주병을 들고 분주하게 오고 갔다. 술 시간이 늦어지자 걱정스러운 듯이 한마디 했다.

"나야 술을 많이 팔면 돈을 벌어서 좋으나 손님이 몸 상하는 건 싫으니까 적당히 들고 가시유."

하지만 술꾼들은 몸을 생각하며 술을 마시지 않는다.

"걱정하지 마쇼. 내일이면 해가 뜰 테고, 우리는 오늘 고주망태가 되어도 내일은 또 일터로 갈 거요."

박동수가 잔에 술을 가득 채웠다.

"나는 마누라를 위해서 건배하겠네."

"그러세, 늙어서 고생하지 않으려면 지금부터 마누라에게 고사(告祀)를 지내두는 게 좋을 거야. 남편에게 오래도록 자비를 베풀 것을 원하면서 말일세."

"좋아, 우리의 말년을 위해서."

밤이 깊어가고 사람들이 비틀거리며 하나둘 둥지를 찾아 떠나자 금세 강릉집도 썰렁하게 비어갔다. 거리에는 택시를 잡으려는 취객들이 이리 뛰고 저리 뛰고 한바탕 전쟁이 벌어졌다. 밤이 깊으면 술 취한 사람들은 길을 잃은 사람처럼 비틀거리며 거리를 헤매고 다녔다. 택시는 손님을 골라가며 태웠다. 택시를 향해 손을 흔들던 사람들의 입에서 상소리가 나왔다. 경우라고는 쥐뿔도 없는 인간들! 잠시 후 이들도 택시를 타고 어디론가 사라졌다. 이렇게 도시의 밤은 깊어갈수록 사람도 취하고 밤도 취하는 것 같았다. 국밥집에는 박동수와 강민우 두 사람만 남았다. 강릉댁이 카운터에 앉아 잠이 오는지 흘낏한 시선으로 두 사람을 바라보았다. 빨리 가줬으면, 하는 표정이 얼굴에 역력하지만 두 사람은 끝까지 남은 술 한 방울도 다 비우고서야 자리에서 일어났다. 한 방울의 술은 한 방울의 피로 생각하는 사람들이다.

"조심해 가시우, 또 오슈."

두 사람은 강릉댁의 인사를 뒤로하고 비틀거리며 거리로 나왔다. 도시는 밤이 깊어도 불야성을 이루고 있다. 박동수가 시커먼 빌딩 밑에 오자 사방을 두리번거리더니 바지를 아래로 내렸다. 강민우가 말렸으나 소용이 없었다. 박동수는 높은 성곽처럼 서 있는 빌딩 벽에 배설물을 쏟아냈다. 발밑으로 질퍽하게 배설물이 시냇물처럼 흘러내렸다. 박동수는 잠시 후 다 배설했는지 건들거리던 몸을 부르르 떨고는 강민우를 향해 말했다.

"한때 종로 거리에 오줌만 싸도 기인이라고 좋게 봐주던 시절도 있었다네."

칠십 년대 시절의 이야기다. 그때는 인심도 좋았다.

"지금은 발견되면 바로 경범죄로 구류 신세가 될걸."

"세상이 각박하게 변했다는 증거지, 노래 가사처럼 뒤 볼 새도 없이 뛰어야 먹고사는 세상이 되었으니까."

두 사람이 골목길을 빠져나오자 맞은 편에서 화려한 불빛들이 깜박이며 두 사람을 유혹하고 있었다. 호박 나이트였다.

"입가심해야지. 참 잊었네, 자네에게 할 이야기도 있는데 말씀이야, 술을 마시니 이제는 정신이 깜박거리네."

강민우의 말에 박동수는 몸을 비틀거리며 물었다.

"중요한 말인가?"

"우리 모두의 이야기일지도 모르지."

"허, 그렇다면 몹시 궁금하구먼. 마시세. 어차피 인생은 공수래공수거(空手來空手去) 아닌가."

"자네 학교에 다닐 때 반장을 했지."

강민우의 물음에 박동수는 어깨를 으쓱했다.

"그랬지."

"그때 자네는 꽤 똑똑했는데 말씀이야."

"지금은 아니라는 말처럼 들리는구먼."

"그런 건 아니고. 허허허."

강민우가 웃었다. 박동수는 미술뿐만 아니라 전교에서 일등을 할 만큼 공부도 잘했다. 그러나 학교에서 공부를 잘했다고 해서 사회에서 일등을 하지 않는다는 것을 박동수는 잘 보여 주고 있었다. 꼴찌에서 몇 번째

하던 강민우는 조그마한 사업체를 운영하는 사장님으로 성공했으나 박동수는 지금도 작은 회사 중견 간부 사원으로 일하고 있기 때문이었다. 학생 때 꿈은 사라지고 출세하고는 담을 쌓고 사는 사람처럼 보였다.

두 사람이 향한 곳은 뒷골목에 있는 호박나이트였다. 박동수에게는 이런 곳이 생소했다. 먹고살기에 바빠서 한 번도 호사스러운 여유를 즐겨보지 못했다. 강민우는 자주 다니는 듯했다. 강민우가 당당한 모습으로 입구를 지나 안으로 들어가자 정장을 한 젊은이가 허리를 굽히며 이들을 반겨주었다. 화려한 불빛을 따라가자 복도 끝에 큰 홀이 있고 홀 안은 춤추는 사람들로 혼잡했다. 음악이 귀를 찢을 듯 요란했다. 여기는 바깥세상과는 확연히 다른 세상이었다. 젊은이가 두 사람을 홀 가까운 곳에 안내했다. 박동수가 물었다.

"자네 이런 데를 자주 오는가?"

"가끔 온다네."

"부럽구먼."

"부러워할 것 없네. 돈을 벌어 무엇에 쓰나. 인생을 즐겁게 사는 거지."

강민우는 별것 아니라는 듯이 말했다. 홀 안은 음악에 맞추어 사람들의 물결이 파도처럼 출렁거리고 있었다. 두 사람이 자리에 앉기가 무섭게 기본 맥주와 안주가 나왔다. 술기운이 남아 있는 두 사람은 맥주잔을 들었다. 술에 취하고 음악에 취한 사람들이 괴성을 질러댔다. 강민우가 물었다.

"자네 춤을 추는가?"

"거리가 멀다네."

"공부는 우등생이지만 사회에서는 우등생이 못 되는구먼, 그럼 술이나 드세."

"그러지."

음악이 빠른 곡에서 느린 곡으로 넘어가자 요란하게 움직이던 인파가 조용해지며 남녀가 서로 품에 안고 춤을 추었다. 홀 안은 큰 물결이 일정한 방향으로 출렁대며 돌아가고 있는 것 같았다. 이 모습을 물끄러미 바라보던 강민우가 술잔을 홀짝거리며 박동수에게 말을 했다.

"자네 아내를 어떻게 생각하나?"

뜬금없는 소리였다.

"싱거운 질문이구먼."

"그런가, 저 무리 속에 자네 부인이 있다고 하면 어떻게 행동하겠나?"

강민우의 눈이 호기심으로 가득했다. 박동수의 얼굴이 벌겋게 상기되었다.

"술맛 떨어지는 소리 그만하게, 우리 집사람은 하늘이 두 쪽이 나도 그럴 일이 없을 테니까 안심하게."

"마누라를 철저하게 믿는구먼."

"믿네, 결혼 이십 년일세. 강산이 두 번이나 바뀌었네."

강민우는 웃으며 말했다.

"남자라는 인간은 이상한 동물일세, 저 사람들을 자세히 보게, 남자들은 남의 여자가 좋아서 안고 춤을 추면서 자기 마누라는 일 년 열두 달 집구석에 있어 주기를 바라니 말일세."

"그 말에 가시가 있는 것 같군. 무슨 말을 하려고 그러는가?"

"자네가 세상을 너무 모르는 것 같아 하는 말일세."

여전히 홀 안은 춤추는 사람들로 일렁거렸다. 그곳은 한번 빠지면 헤어 나오지 못할 것 같은 깊은 수렁 속처럼 보였다. 밤은 새벽을 향해 가고 있었다. 두 사람은 술에 취해 기진맥진하여 호박나이트를 빠져나왔다. 박동수의 눈에도 강민우의 눈에도 나른한 피로가 매달려 있었다. 거리에는 하나둘 네온사인이 꺼져 가고 불이 꺼진 빌딩은 커다란 괴물처럼 시커먼 모습으로 서 있었다. 두 사람은 택시가 서 있는 정류장으로 향했다. 정류장에 이르자 강민우가 의미심장한 말을 던졌다.

"이건 일급비밀일세. 우리 집사람이 그러는데 자네 부인이 사귀는 남자가 대학교수라고 하는 거야, 믿을 수 없겠지."

"농담이 지나치구먼."

박동수에게는 맑은 하늘에 날벼락 같은 소리였다. 망치로 머리를 한 대 맞은 기분이었다.

"생사람 잡지 마시게."

"그렇게 생각하겠지, 나도 처음에 듣고 그랬으니까. 이건 동창생이어서 특별히 알려 주는 걸세. 나야 자네 집에 평화가 있기를 바라는 사람일세, 자네의 똑똑한 머리가 아내에게 철저하게 농락당하는 것 같아 알려 주는 걸세."

강민우는 남의 가슴에 불을 질러 놓고 아무 일도 없다는 듯이 택시를 타고 유유히 손을 흔들며 사라졌다. 조금 후 박동수도 택시를 타고 집으로 향했다. 집 앞에 와서야 속이 울렁거리며 먹은 것을 다 토해냈다. 기분 나쁜 감정 때문인지 다른 때보다 더 속이 울렁거리며 뒤집혔다. 화가 나면 일어나는 울렁증이 더 심한 것 같았다. 강민우의 말이 목에 가시처럼 걸렸다.

강민우의 아내와 박동수의 아내가 초등학교 동창이니 내막을 모르고 하는 소리는 아닐 것이다. 박동수는 결혼한 후 한 번도 아내를 의심한 적이 없었다. 두 사람은 오랫동안 연애 끝에 결혼했고 서로 속속들이 잘 알고 있다고 믿었다. 결혼해서 미향이라는 예쁜 딸도 두었다. 박동수는 해외 출장 때문에 일 년 집을 비운 적이 있으나 그 외는 지금까지 함께 생활하고 있다. 몇 개월 전 아내는 미향이의 학원 비용을 보탠다며 취직해야 하겠다고 말했다. 물가가 비싸서 남편 혼자 벌어서 생활비에 학원비까지 감당할 수 없다는 것이다. 미향이가 초등학교 일 학년 학생인데 학원 세 군데를 다니고 있었다. 중학교에 들어가면 돈이 더 들 것이라고 말했다.

아내는 학창 시절에 카페에서 아르바이트로 잠시 일한 경력이 있지만 제대로 된 직장에 취직한 적이 없었다. 박동수가 아내에게 돈은 격정하지 말라며 만류했으나 소용이 없었다. 남들이 다 아이들을 두고 직장 생활을 하는데 자기도 할 수 있다는 것이다. 박동수는 아내의 고집을 꺾지 못하고 승낙했다. 아내의 직장은 파리 의상실 매장에서 옷을 판매하는 사원으로 취직했다. 일 년이 되자 아내의 퇴근 시간이 늦어졌다. 술을 마시고 늦게 귀가하는 날이 많았다. 그래도 박동수는 아내를 의심하지 않았다. 아내에게 경제적인 도움도 받았다. 하지만 오늘 강민우의 말이 기분 나쁘게 귓전을 울렸다. 아내에게 무슨 일이 생긴 것 같아 불길한 예감이 들었다. 몽롱한 정신으로 집에 돌아오자 아내는 출근 준비를 서두르고 있었다. 화장을 끝내고 자리에서 일어나던 아내는 박동수를 보자 불만스러운 투로 말했다.

"시간도 모르고 술을 떡이 되도록 마셨구먼, 나는 출근 시간이 늦었으니까 밥을 챙겨 먹어."

박동수는 겨우 가라앉았던 속이 다시 울렁거렸다. 술 때문만은 아닌 것 같았다. 조금만 움직여도 금세 오물이 앞으로 쏟아질 것 같았다.

"밥을 차려주고 가면 안 돼?"

심술이 가득 섞인 음성이었다.

"당신도 손이 있잖아, 출근 시간이 늦었어, 차려 먹어."

"알았어, 가 봐!"

박동수는 더 말싸움하고 싶지 않아 입을 닫았다. 아내가 나가는 모습을 보자 등 뒤에다 대고 들릴 듯 말 듯 말했다.

"자네는 아이 엄마라는 사실을 명심하게."

아침 여섯 시였다.

아내가 나간 후 박동수는 욕실로 들어갔다. 피곤했다. 샤워기에서 뿜어져 나오는 물로 전신을 마사지했다. 이대로 편안히 쉬고 싶었지만 그럴 수 없었다. 면도까지 말끔하게 하고 침실로 돌아왔다. 밤새 술을 마신 탓인지 피곤하여 잠시 눈을 붙였다가 정신을 차리고 옷을 주섬주섬 챙겨 입은 후 사무실로 출근했다.

강민우의 말이 계속 가시처럼 목에 걸렸다. 아무리 털어버리려고 해도 악마의 속삭임처럼 강민우의 음성이 머릿속을 휘젓고 다녔다. 무엇보다 상대 남자가 대학교수라는 것이 마음에 걸렸다. 아내가 근무하는 회사 사장이 대학교수라는 이야기를 들은 적이 있었다. 그렇다면 그 인간이 아닐까. 잔잔한 호수에 돌멩이를 하나 던졌을 때처럼 조용하던 가슴에 분노가 출렁댔다. 한번 의심하기 시작하자 끝이 없었다. 학교 선배 이종국을 찾아가 답답한 가슴을 털어놓으며 반드시 놈에게 복수할 것이라고 말하자 선배는 고개를 저었다.

"내가 자네라면 이런 일은 묻어두기로 하겠네."

"어째서요?"

"자네 말이 옳다고 하더라도 상대 남자를 만나는 순간 자네의 머리에 그 사람의 얼굴이 유령처럼 떠올라 그때부터 자네는 지금보다 더 많이 악몽에 시달리며 살게 될 걸세. 그런 사람을 여럿 봤네. 자네 아내를 버릴 자신이 있겠나?"

박동수는 고개를 가로저었다.

"못 하지요. 하지만 놈을 끝까지 확인하고 싶습니다. 놈에게 아이 엄마인 내 마누라가 어디가 그렇게 좋은지 물어보고 싶습니다."

"이혼이 빈번하게 일어나는 세상일세."

선배가 말렸으나 박동수는 참을 수 없었다. 그날 아내가 근무하는 회사로 찾아갔다. 거리에는 여전히 후덥지근한 더위가 극성을 부리고 있었다. 박동수는 고개를 들어 하늘을 바라보았다. 하늘도 자기 마음처럼 구름을 풀어 놓아 희뿌옇다. 공해가 도시를 덮고 있었다. 가슴이 답답했다. 미세먼지는 언제 없어지고 맑은 공기는 언제 찾을 수 있을까. 다른 사람들은 다 평화롭고 행복하게 사는 것 같은데 왜 나만 이런 고통 속에 헤매야 하는 걸까. 박동수는 이런 생각을 하며 걷는 동안 아내가 근무하는 파리 의상실 앞에 당도했다. 박동수는 심호흡한 후 사무실로 들어갔다.

"누구시오?"

기름기가 번들거리고 풍채 좋은 사내의 얼굴은 예고 없이 방문한 박동수 때문에 언짢은 기색이 역력했다. 흰색 바탕에 검은 털이 얼룩무늬처럼 섞인 고양이가 책상 밑에 있다가 놀라 야옹, 하고 꼬리를 꼿꼿하게 세운 채 창문 쪽으로 걸어갔다. 박동수가 물었다.

"대학교수시오?"

박동수의 질문에 기름기 사내가 어이없는 표정을 지었다.

"아니오, 누구시오?"

"박동수라는 사람입니다. 안미숙의 남편이오."

비로소 기름기 사내는 안심이 되는 듯 손으로 빈 의자를 가리키며 앉으라고 권하면서도 의아한 표정으로 박동수를 바라보았다.

"그런데 여기서 대학교수는 왜 찾으시오?"

"그럴 일이 있습니다."

박동수는 기름기 사내가 대학교수가 아니라는 말에 마음을 놓으면서도 의심을 완전히 거두지 못했다.

"한 가지 물어보겠습니다."

"물어 보슈."

"안미숙과 어떤 관계슈?"

"허, 무엇인가 단단히 오해하신 것 같으신데 나는 장사꾼이오. 직원들과 연애할 만큼 한가한 사람이 못 됩니다."

기름기 사내는 어이없다는 표정을 지었다. 목이 짧고 키가 작은 데다 눈은 마치 검은콩을 박아 놓은 듯하여 여자들에게 관심을 가질만한 인물이 아니었다. 기름기 사내는 오직 돈이 세상에 전부인 것처럼 생각하는 사람 같았다. 기름기 사내가 말했다.

"나 같은 사람은 열심히 벌어야 직원들을 먹여 살립니다."

박동수는 그간에 있었던 이야기를 기름기 사내에게 들려주자 어이가 없다는 표정을 지으며 자기는 절대 그런 불량한 인간이 아니라고 말 한 후 지금이라도 안미숙을 데려와 확인시켜 주고 싶다는 것이었다. 박동수는 그 말을 믿겠다며 그럴 필요가 없다고 말하자 기름기 사내는 오해가 풀려 기분이 좋은 듯 작고 통통하게 살이 찐 손을 내밀었다. 두 사람이 손을 꼭 잡았다.

창문 쪽에서 두 사람의 표정을 조심스럽게 살피던 고양이가 기름기 사내의 웃는 모습에 긴장이 풀린 듯 본래 자리로 돌아와 누웠다. 기름기 사내는 물건 때문에 손님들과 하루에도 몇 번씩 말싸움하지만 이런 경우는 처음이라고 말했다.

"저를 그런 쓰레기 같은 인간으로 봤다니 섭섭합니다."

"미안합니다."

"생사람을 잡으면 안 됩니다."

"사과드립니다."

박동수가 사과하자 기름기 사내는 일부러 위엄을 갖추고 말했다.

"무고죄는 큰 벌을 받게 됩니다."

기름기 사내는 자기는 법대 출신이라고 말했다. 무고죄는 헌법 제백오십육조에 따라 십 년 이하의 징역 또는 일천오백만 원 이하의 벌금형을 받게 되며 있지도 않은 사실을 퍼뜨려 다른 사람의 명예를 실추하려고 했거나 형사 처벌을 받게 할 경우에 성립되는 죄라고 자세히 설명까지 해주었다. 박동수는 말없이 듣고만 있었다. 기름기 사내는 이야기를 마친 후 자판기에서 커피를 두 잔 뽑아왔다.

"기분 나쁘셨겠습니다. 드쇼."

"감사합니다."

기름기 사내는 커피를 마시는 동안 붉게 상기되었던 얼굴이 정상적인 빛깔로 돌아왔다. 오해가 풀렸다는 증거다. 기름기 사내는 불쾌했던 마음이 평정을 찾은 듯 커피를 홀짝거리면서 말했다.

"직원들의 사생활에는 간섭하지 않는 것이 나의 신조요."

"훌륭합니다."

"훌륭할 것까지야."

요즘은 신문 방송에서 성폭행 사건을 끊이지 않고 보도하고 있다. 연예인은 물론이고 법을 집행하는 곳에서도 종종 일어나고 있다. 회사 상사가 부하 직원을 성폭행하고, 의붓아버지가 의붓딸을 성폭행하고, 심지어 친딸까지 성폭행하는 이상한 세상이다. 경찰관이 피의자를 모텔로 데려가 성관계하는 일까지 벌어지고 있다. 무법천지 같은 세상이다. 도덕 같은 것은 아예 없는 세상으로 변했다. 기름기 사내는 계산대 밑에 서랍을 뒤지더니 담배를 꺼내 물었다. 담배를 피우는 손가락이 떨렸다. 체격이 크니 혈압이 높은 모양이었다. 연기를 코로 길게 밀어냈다.

"담배를 사흘 끊었소. 손님들과 말싸움을 하다 보면 혈압이 오릅니다. 이대로 가면 내 수명도 길지 않을 것 같소이다."

지붕 없는 방

기름기 사내는 담배 연기를 깊이 마셨다가 한숨과 함께 내뿜었다. 열어 놓은 창문으로 매장 쪽을 바라보고 있던 기름기 사내가 무엇인가 발견한 모양이었다. 박동수에게 급하게 말했다.

"이리와 저 중절모 사내를 잘 보슈."

"어디요?"

"매장 쪽을 보슈."

기름기 사내의 시선이 멈춘 곳에 박동수의 시선도 고정되었다. 아내 앞에 중절모를 쓴 사내가 서 있었다. 고양이가 꼬리를 들고 사무실을 이곳저곳 배회하더니 기름기 사내 앞으로 다가가 얼굴을 문질렀다. 기름기 사내가 손으로 고양이의 머리를 몇 번 쓰다듬어 준 후 간식 통에서 마른 육포를 꺼내주었다. 고양이는 기름기 사내의 발끝에 누웠다. 기름기 사내가 박동수를 바라보며 말했다.

"짐작 가는 바가 있소."

"그래요?"

"저 사람이 대학교수라고 들은 것 같소이다. 우리 단골손님이라고 합디다. 지금 생각해 보니 안미숙과 가까운 사이 듯하던데…."

"저 인간이 그 인간이란 말이죠?"

"그건 나도 모르지요."

중절모 사내는 아내 앞에 서서 뭔가 이야기를 열심히 주고받더니 사내가 기분 좋게 웃었다. 아내도 환하게 따라 웃었다. 한눈에 봐도 둘의 사이가 보통이 아닌 듯했다. 중절모 사내는 키가 크고 정장을 했으며 손에는 작은 가방을 들고 있었다. 붉은색 넥타이를 매고 얼굴에는 수염이 까맣게 돋아났다. 일주일 정도 면도를 하지 않은 얼굴이었다. 한눈에 봐도 중절모 사내는 학식이 잘 갖추어진 대학교수처럼 보였다. 중절모 사내가 뭔가 말할 때마다 아내는 키득거리며 웃었다. 그러던 아내는 의도적인 행동으로 젖가슴을 흔들어 보였다. 중절모 사내의 시선이 그곳에 멈추었다. 박동수는 목이 타들어 갔다. 저것들을, 하고 분노가 치밀었다. 당장 늑대의 탈을 쓴 양 같은 놈에게 달려가 멱살을 잡고 무슨 수작이냐고 따지고 싶었다. 박동수가 흥분하여 숨을 헐떡거리자 기름기 사내가 박동수에게 말했다.

"기분이 나쁘십니까?"

"나쁘지요."

박동수의 호흡이 거칠었다.

"그렇더라도 확실한 증거가 없이 심증만으로 사람을 의심한다는 것은 문제입니다."

"저 정도면 증거가 확실한데 뭐가 더 필요합니까?"

"불륜했다는 증거가 있습니까?"

"없지요."

"그러니 문제지요."

설사 불륜 현장을 붙잡는다고 해도 지금은 간통죄가 없어져 형사 처벌이 어렵게 되었다. 대신 민사소송으로 배상을 청구할 수 있다. 확실한 증거가 있어야 한다. 불륜 현장을 잡는 일은 쉽지 않을 것 같았다. 그러나 기회는 빨리 찾아왔다. 중절모 사내는 아내와 몇 마디 말을 주고받더니 익숙한 듯 옆 건물 카페로 향했다.

퇴근 시간이 되자 아내는 거울을 꺼내 얼굴 이곳저곳 매만진 후 문을 나서더니 중절모 사내가 기다리고 있는 카페로 향했다. 잠시 후 두 사람은 연인처럼 팔짱을 끼고 카페를 나와 조금 떨어진 곳에 화려한 불빛이 번쩍거리는 모텔로 들어갔다. 모텔은 불륜하는 사람들을 위해 만들어진 건물처럼 보였다. 박동수는 사내의 뒤를 따라 모텔로 들어가는 아내를 확인하는 순간 이십 년 동안 쌓아온 공든 탑이 허무하게 무너지는 절망감을 느꼈다. 박동수는 힘없이 집으로 돌아왔다. 방에 누워 아내가 돌아오기를 기다렸다. 살점이 떨렸다. 지금까지 아내가 늦게 귀가할 때마다 일 때문일 것이라고 믿었던 자신이 어리석었다. 박동수는 가족을 위해 열심히 일하는 아내에게 미안한 마음이 들어 늦게 귀가해도 믿어주었다. 오히려 돈이 없는 남편을 만나 고생하네, 하고 위로까지 해주었다. 그런 아내가 지금쯤 모텔에서 다른 남자의 품에 안겨 애정 행각을 하고 있을 생각을 하니 속이 뒤집혔다. 믿었던 도끼에 발등 찍힌 기분이었다. 박동수의 가슴이 두 방망이질 쳤다. 머릿속은 흐트러진 실타래처럼 뒤죽박죽이 되었다.

새벽 세 시가 넘어 아내가 문을 열고 들어왔다. 아내는 방에 들어오자 피곤하다며 욕실로 향했다. 쏴-하고 물 흐르는 소리가 들려왔다. 박동수는 낯선 사내의 나체 모습이 떠오르며 잊고 살았던 강한 성 충동을 느꼈다. 아내가 머리의 물기를 수건으로 털며 방으로 들어오자 박동수가 달려들 자세를 취했다. 아내가 놀라 불평 섞인 음성으로 말했다.

"미쳤어, 성폭행하겠다는 거야?"

"오늘은 그러고 싶은데."

"피곤해."

"싫다는 거야?"

박동수의 요구가 계속되자 아내는 매몰차게 거절했다.

"싫다는데 왜 그래."

"지금 모텔에서 왔으니까 그렇겠지."

"사람을 어떻게 보고."

아내는 생사람 잡지 말라며 큰소리쳤다. 박동수는 속이 뒤집혔지만 진정하고 차분한 목소리로 말했다.

"여자 속은 정말 알 수 없어, 당신을 믿고 내 청춘을 송두리째 바쳤다는 게 지금은 후회되는구먼. 바람을 피우려면 영영 모르게 피우던가, 이 세상에는 비밀이라는 것이 없다네. 그 인간이 대학교수라고 하더군. 점잖은 개가 부뚜막에 먼저 올라간다는 속담이 있어. 꼬리는 누가 먼저 쳤는지 그런 것은 상관없어, 존경을 받아야 할 대학교수가 남의 유부녀를 유혹해서 불륜을 저지른다는 것은 큰 문제야. 자기는 재미 보면 그만일지 모르지만 나는 아냐, 내 가정이 파괴되면 그 인간도 무사하지 못할 거야. 내가 가만히 두지 않을 거야, 가서 그렇게 말해 줘, 처벌은 어렵겠지만 부도덕한 교수는 학교에서 쫓겨난다고. 대학교수라는 명예에 먹칠하겠지."

박동수는 담배를 입에 물었다. 아내가 말했다.

"어떻게 알았어?"

"어떻게 알게 된 것이 뭐가 중요해."

아내는 전 같으면 눈을 부릅뜨고 대들 테지만 오늘은 그러지 못했다. 그래도 아내는 할 말이 있다는 듯 변명했다.

"남자도 바람을 피우잖아. 아내를 속이고 바람 피우는 남자가 많던데, 남자는 되고 여자는 왜 안 돼?"

반항이었다. 박동수는 기가 막혔다.

"얼굴에 철판을 깔았군."

"내가 알고 있는 남자들은 바람을 피우고도 멀쩡하게 살던데."

"작은 양심이라도 있는 줄 알았는데 아니었어."

아내는 변했다. 박동수는 결혼 이십 년의 세월이 파노라마처럼 스치고 지나갔다. 달콤했던 연애 시절, 꿈이 많던 신혼 시절, 천사 같은 미향이가 찾아왔을 때의 기쁨, 하지만 지금은 열심히 쌓아 올린 공든 탑이 한순간에 모래성처럼 무너지고 있었다. 아내는 담배에 불을 붙였다. 연기를 입으로 코로 내 뿜었다. 지금까지 모르고 있던 아내의 행동이었다. 박동수가 한숨 섞인 음성으로 말했다.

"그동안 많이 변했군."

"변했지, 세상에 나가보니 내가 그동안 우물 안에 개구리처럼 살고 있었다는 사실을 깨닫게 되던데. 그래서 변해보고 싶었어, 무엇이나 다 해보고 싶던데, 다른 남자와 연애도 해 보고 싶고. 그때 내 눈앞에 남자가 나타났거든, 우리 가게 단골손님인데 대학교수였어. 힘들이지 않고 사귀게 되었어, 그 사람은 아내에 대한 불만이 있는 것 같았어, 연인이 되기로 했지. 불같은 시간이 지나고 정신을 차렸을 때는 모든 게 끝난 후였어, 나는 돌아올 수 없는 강을 건너고 만 거야. 마음 한구석에는 가정을 지켜야 하겠다는 생각이 들었으나 한번 실수 때문에 꼼짝 못 하고 끌려다닐 수밖에 없었어. 당신이 알까 봐 겁도 났지, 이제 당신이 알게 됐으니 마음이 편하지만 용서해 달라고 말하지 않겠어. 지금 내 머리도 뒤죽박죽이니까. 당신 처분만 기다릴 거야."

아내는 담배를 몇 모금 더 빨았다. 눈물이 글썽거리며 말했다.

"미향이에게 상처를 주고 싶지 않은데 어쩌지?"

아내는 자식을 봐서라도 용서하라는 것 같았다. 박동수는 말없이 자리에서 일어났다. 현관문을 나서며 주머니에서 핸드폰을 꺼냈다. 강민우에게 전화를 걸었다.

"무슨 바람이 불어 내게 전화를 다 하고, 오래 살고 볼 일일세."

"나오시게."

"지금?"

"술 마시는 데 때가 있는가, 강릉집으로 오시게."

"무슨 좋은 일이 생긴 거야?"

"오늘은 마음껏 마시고 취하고 싶으이, 호박나이트도 가고."

"사람이 변했군."

박동수는 집을 나와 탑골공원을 지나 강릉집으로 걸어가고 있었다. 오늘은 술에 취해 모든 것을 잊고 싶었다. 탑골공원 담 밑에는 여전히 노인들이 모여 장기를 두며 아무 일도 없는 듯 웃고 떠들고 있었다.

588번지의 기적

청량리역, 크리스마스를 며칠 앞두고 눈이 펑펑 쏟아지고 있었다. 금년은 화이트 크리스마스가 될 모양이다. 굵은 함박눈이다. 눈이 내리자 사람들의 입에서 함성이 터졌다. 야, 눈이다! 강아지들도 눈을 보자 좋아서 천방지축 뛰어다녔다. 민구도 눈을 보자 기분이 들떴다. 전방에 내리는 눈은 군대가 작전하듯 밤중에 조용히 내리지만 도시의 눈은 사람들의 요란한 함성 속에서 내리는 것 같았다. 눈은 빌딩에도, 아스팔트 거리에도 소복소복 내리고 있었다. 잠시 후 도시 전체가 몽환의 세계처럼 보였다. 가로수에는 눈꽃이 하얗게 피었다.

민구는 일등병 계급장을 달고 전방에서 첫 휴가를 나오는 길이다. 도시는 모두가 생소한 풍경들이다. 한참 동안 거리에 서서 눈이 내리는 도시 풍경을 바라보다가 서둘러 청량리역 대합실 안으로 들어섰다. 고향으로 가는 열차표를 사기 위해서다. 시간표를 확인하자 몇 시간 여유가 있었다. 대합실 빈 의자에 앉아 눈을 지그시 감고 남은 시간을 어떻

지붕 없는 방

게 보낼까 궁리했다. 부모님의 얼굴이 잠시 떠올랐다가 사라졌다. 캄캄한 밤중에 트럭을 타고 인적이 없는 전방으로 달려갈 때는 두려움이 앞섰다. 전쟁 중이 아니라도 전방으로 간다는 것만으로도 불안했다. 그러나 불안도 잠시뿐이었다. 부대 배치받고 몇 개월 지나가자 전방 생활도 익숙해져 갔다. 나라를 지킨다는 자부심까지 생겼다. 몇 개월 지나가자 첫 휴가를 나온 것이다. 버스에 몸을 싣고 꿈에 그리던 고향으로 가기 위해 청량리역에 도착했다. 기차를 타기 위해서였다. 민구는 적막한 산골에서 생활하다 도시에 나오자 새로운 세상에 온 기분이었다.

뚱보 아주머니가 청량리역 대합실 쪽으로 가까이 오더니 걸음을 멈추고 하늘에서 내리는 눈을 신기한 듯이 바라보았다. 얼굴에 감동하는 표정이 역력했다. 입을 쩍 벌리고 눈을 받아먹는 것 같았다. 눈을 보자 어렸을 때 추억이 떠올랐을지도 모른다. 하늘을 향해 실성한 사람처럼 빙긋 웃기도 했다. 한참 후 뚱보 아주머니는 창량리역 대합실 입구에서 몸을 흔들어 옷에 붙은 눈을 탈탈 털어냈다. 옷에 붙은 눈은 밀가루처럼 땅으로 후르르 떨어졌다. 뚱보 아주머니는 눈을 털어낸 후 대합실 안으로 들어와 사방을 살폈다. 일등병 계급장을 단 민구의 모습이 첫눈에 들어왔다. 순간 뚱보 아주머니는 먹잇감을 발견이라도 한 듯 눈에 광채가 번득였다. 뚱보 아주머니가 민구 앞으로 가까이 다가오자 민구가 긴장했다. 두려운 눈빛으로 뚱보 아주머니를 바라보았다. 뚱보 아주머니는 경계할 필요가 없다는 듯 민구를 향해 빙긋 웃으며 친근하게 말을 걸어왔다.

"첫 휴가유?"

"네."

"그렇게 긴장할 필요 없어. 나는 남자를 잡아먹는 여자가 아니니까. 핸섬하게 생겨 여자가 많이 따르겠구먼."

"……."

뚱보 아주머니의 말에 민구가 얼굴을 붉혔다. 여자로부터 처음으로 듣는 칭찬이었다. 뚱보 아주머니가 좀 더 민구를 향해 가까이 오자 민구는 자기도 모르게 한발 물러섰다. 뚱보 아주머니가 "내가 잡아먹을까 봐 그러슈?" 하고 히죽 웃었다.

민구는 나이 스물하나가 될 때까지 여자와 데이트한 경험이 없었다. 민구는 어렸을 때부터 여자에 대한 공포심 같은 것을 가지고 있었다. 이유는 알 수 없었다. 여자 앞에 서면 가슴이 벌렁거리고 몸이 긴장되었다. 친구들은 이런 민구를 모자라다며 놀렸다. 여자에 대한 두려움은 나이를 먹고 군에 입대할 때까지도 변함이 없었다. 뚱보 아주머니는 관심법이라도 하는 여자 같았다. 남자의 표정만 보고도 마음을 읽어 내는 기술이 있는 것 같았다. 뚱보 아주머니는 민구에게 말했다.

"여자를 두려워할 필요 없어. 예쁜 여자가 있는데."

"여자요?"

"이상한 남자네, 지금 여자를 생각하고 있었잖아. 안 그래?"

지붕 없는 방

"제가요?"

"아냐?"

"아닌데요."

민구가 얼굴을 붉혔다. 뚱보 아주머니는 자기를 속일 수 없다는 듯 비죽 웃었다.

"왜 그래, 나는 척 보면 알아. 아니라고 하지만 그건 자기를 속이는 거야."

"아닙니다."

민구가 자기도 모르게 과민한 반응을 보였다.

"그렇게 화를 낼 것까지야 없지. 총각이야? 나보고 그 말을 믿으라고?"

뚱보 아주머니는 남자 새끼들은 대부분 얼굴색 하나 변하지 않고 총각인 체 내숭을 떤다며 그런 새끼들을 수없이 봐왔다는 것이다.

"그건 도사 앞에서 문자 쓰는 거야."

"아무튼 싫습니다."

"고집불통이군, 거짓말하면 이마에 뿔이 난다는 거 알지?"

"모릅니다."

"귀신은 속일지 몰라도 나는 안 속네."

뚱보 아주머니는 팔팔할 나이에 여자 생각이 없다는 것은 몸에 병이 있을지 모른다며 병원에 가봐야 한다고 겁을 주었다. 사실 민구는 조금 전까지 여자 생각을 하고 있었다. 한창 혈기가 왕성한 나이이다.

"나는 건강한 남자입니다."

"안다네, 그러니 군에 입대했겠지, 사내라면 솔직해야 하네."

뚱보 아주머니가 끈질기게 물고 늘어졌다.

"청량리 588이 어떤 곳인지 들어 알겠지? 군인이라면 이곳을 누구나 그냥 지나간 적이 없네."

"알고 있습니다."

잠시 침묵이 흘렀다. 청량리 588은 미아리 텍사스촌과 함께 서울의 유명한 홍등가로 잘 알려진 명소다. 휴가병이라면 누구나 한 번쯤 거쳐 가는 것으로 알려졌다. 뚱보 아주머니는 이곳에서 이십 년째 호객행위를 하고 있었다. 청량리 588 사창가에는 장병들을 단속하기 위해 헌병두 명이 언제나 짝을 맞추어 하루에 몇 번씩 순찰하고 있었다. 예나 지금이나 성병(性病)은 장병들에게 심각한 문제였다. 사창가를 통해서 성병이 퍼지기 때문이었다. 사창가는 장병들의 절대 금지구역이라고 강조하고 있으나 혈기 왕성한 장정들에게 사창가는 유혹의 함정 같은 곳이기도 하다. 잠깐 쉬었다가 재수 없어 독한 성병에 걸리면 생명까지 위협받는다. 민구가 휴가 나오던 날도 어김없이 헌병 두 명이 민구를 발견하고 다가오자 뚱보 아주머니가 작은 소리로 민구에게 속삭였다.

"걱정하지 마, 오래전부터 삶아 놨으니까."

미리 손을 써 놓았으니 안심하라는 것이었다. 하지만 헌병은 뚱보 아주머니를 못 본 척하고 민구에게 다가오자 뚱보 아주머니는 미안한 듯 고개를 돌렸다. 헌병은 휴가 장병에게 반갑지 않은 손님이었다. 헌병은 곧바로 민구에게 다가와 거수경례를 하더니 휴가증을 보자고 했다. 상병이었다. 뚱보 아주머니의 약발이 통하지 않았던 모양이었다. 민구가 우물쭈물하자 헌병은 다시

"휴가증."

하고 손을 내밀었다. 헌병의 복장은 조금도 흐트러짐이 없었다. 바지는 손이라도 베일 것 같은 칼날 같은 주름이 잡혔다. 파이버 밑으로 보이는 눈에 광채가 번득였다. 절도 있는 행동만으로 상대 장병에게 주눅이 들게 했다.

"수고하십니다."

민구도 어쩔 수 없이 거수경례하며 인사했다. 헌병은 민구의 인사를 받는 둥 마는 둥 하고 손을 계속 내밀고 있었다.

"휴가증."

민구가 상의 주머니에서 휴가증을 꺼내 보여 주자 헌병은 휴가증을 유심히 훑어본 후 돌려주며 말했다.

"여기서 우물쭈물하면 안 좋아, 특히 여자들을 조심하라구. 사방이 함정이니까. 사창가는 성병이 심한 곳이야."

헌병의 시선은 뚱보 아주머니에게 가 있었다.

"알겠습니다."

민구는 안도의 숨을 쉬었다. 뚱보 아주머니가 헌병을 향해 빙긋 웃

어주었다. 헌병은 무표정한 얼굴로 골목을 돌아 어디론가 사라졌다. 헌병이 사라지자 뚱보 아주머니가 민구에게 다시 접근했다.

"저들 말에 일일이 신경 쓸 필요 없어. 겁주는 것은 저들이 하는 일과거든, 항상 입에 붙은 말이니까 신경 쓰지 마. 그리고 휴가병을 잡아먹는 여자는 여기에 없어."

"……."

뚱보 아주머니는 헌병이 사라진 골목을 바라보며 투덜거렸다. 마음에 걸리는 모양이었다. 눈이 계속 내렸다. 처음처럼 펑펑 쏟아지지는 않았으나 그래도 부지런히 내리고 있었다. 민구는 담배를 꺼내 물었다. 한 모금 빨고 나니 긴장되었던 마음이 진정되었다. 뚱보 아주머니는 민구의 얼굴을 살피며 말을 이어 갔다.

"아직도 여자 생각이 없다고 할 거야?"

"그 뭐…. 하지만…."

뚱보 아주머니는 기회를 잡은 듯 빙글거리며 말했다.

"오늘은 특히 눈이 내려 기분이 좋은 밤인데, 내가 좋은 곳으로 안내하지."

"……."

민구는 담배를 퍽퍽 피웠다. 고향으로 가는 기차 시간을 확인했다. 여유가 있었다. 눈은 사람들의 마음을 들뜨게 하는 힘이 있는 것 같았다. 뚱보 아주머니는 계속해서 민구에게 결정을 내리라고 독촉했다.

"젊은 사람이 그렇게 결단력이 없어, 시간이 아깝잖아."

"글쎄요."

부정도 긍정도 아닌 어정쩡한 대답이었다.

"갈 거야, 말 거야?"

뚱보 아주머니가 독촉하자 민구는 아버지의 얼굴이 떠올랐다. 한학을 하신 아버지는 여자에 대해 특히 엄격했다. 너는 군대에 가더라도 김씨 장손으로 절대 가문에 먹칠하는 일을 하면 안 된다. 객지에서는 여자 보기를 돌처럼 해라. 지금 세상은 여자의 정조가 오락으로 전락하고 있는 세상이다. 이럴 때 여자를 조심하지 않으면 패가망신할 수 있다. 아버지는 엄격했다. 여기까지 생각하자 민구는 아버지에 대한 알 수 없는 반항심이 생겼다. 뚱보 아주머니에게 말했다.

"좋습니다."

"드디어 용기를 냈군, 잘 생각했어. 그럼 늦기 전에 어서 갈까."

뚱보 아주머니가 앞서고 민구가 뒤를 따랐다. 조금 전에 사라졌던 헌병이 골목에서 다시 불쑥 나와 이쪽으로 다가오자 뚱보 아주머니가 손을 흔들었다. 헌병이 골목 안으로 사라졌다. 뚱보 아주머니는 히죽 웃으며 "봤지?"하고 허풍을 떨었다. 헌병이 사라지자 민구는 안도했다. 잠시 멈추었던 함박눈이 다시 시작되었다. 그동안 눈이 내리지 않아 도시의 겨울이 삭막했는데 눈이 내리자 도시 전체에 온기가 감돌았다. 거리에 나온 사람들도 기분이 좋은 모양이었다. 거리마다 화려한 크리스마스트리가 장식되어 도시의 밤을 화려하게 연출하고 있었다. 성탄 노래가 울려 퍼져 연말 분위기를 고조시켰다.

뚱보 아주머니는 밤마다 먹잇감을 찾아 청량리역 대합실 안을 어슬 렁거렸다. 그러다 먹잇감을 발견하면 체포 작전을 폈다. 손쉬운 먹잇감 은 휴가병 중에서도 신병이었다. 세상 물정에 어두운 신병은 낚싯밥에 쉽게 걸려들지만 고참병은 때가 묻을 대로 묻어 잘 걸려들지 않았다. 일단 한번 걸려들면 놓아주지 않는 것이 뚱보 아주머니의 기술이었다. 오늘은 민구가 걸려들었다. 민구는 사창가는 생전 처음이었다.

"겁먹을 필요 없네."

"겁을 안 먹습니다."

민구가 어깨에 힘을 주며 허세를 부렸다. 뚱보 아주머니는 민구가 다른 생각을 할 기회를 주지 않았다.

"총각인 줄 알면 더 잘해 줄 거야. 이만 원이야. 그 돈으로 어디 가 서 기분을 낼 수 있을 거 같아? 어림없어."

"……"

뚱보 아주머니는 신병의 주머니가 얇다는 사실을 알고 있었다.

"전방에서 왔으니 아무래도 세상 물정을 잘 모르겠구먼. 오천 원 할 인하지, 깎은 돈은 내가 손해 보는 거야."

큰 선심이라도 쓰는 듯이 말했다.

"알겠습니다."

지붕 없는 방

두 사람은 골목길로 접어들었다. 도시 전체가 흰 눈 속에 파묻혔다. 높은 빌딩도, 빨간불이 켜져 있는 높이 솟은 십자가도, 앙상한 가로수도 모두 눈꽃 모자를 쓰고 있었다. 눈 때문에 모든 것이 풍성해 보였다. 가로등에 불이 들어오자 도시 전체가 동화의 나라로 변했다. 그림처럼 아름답게 보였다. 뚱보 아주머니가 앞서가며 중얼거렸다.

"오늘은 멋진 밤이 되겠는데."

"그 뭐…."

민구가 시계를 보았다. 고향으로 가는 열차 시간을 다시 확인했다. 여유가 있었다. 청량리역에서 울리는 기적소리가 밤하늘에 은은하게 들려왔다. 꿈속같은 밤이 이어지고 있었다.

"빨리 가세!"

"그러시지요."

두 사람은 홍등가 골목으로 들어섰다. 하얗게 내리는 눈과 홍등가의 붉은 빛이 조화되어 몽환의 세계를 연출하고 있었다. 588 골목이었다. 길옆 나직한 건물 유리 벽 저쪽 여자들의 하얀 얼굴이 유령처럼 보였다. 다른 세상을 걸어가는 기분이었다. 얼굴이 하얀 여자들이 손을 들어 까딱거리는 모습이 보였다. 흰 이를 보이며 웃었다. 여자들은 겨울인데도 상의를 거의 노출한 상태였다. 민구에게는 낯선 풍경들이었다. 이런 곳이 있다니, 민구는 문득 고참병의 얼굴이 유령처럼 나타났다.

부대 배치를 받고 몇 개월 후에 일어난 일이었다. 매일 성난 호랑이처럼 눈을 까뒤집고 들볶던 고참병이 하루는 민구를 불렀다. 민구는 고참병의 음성만 듣고도 긴장되어 몸이 굳었다.

"김 이병!"

"넷."

"고향이 어디랬지?"

고참병은 그날 다정하게 물었다. 민구는 평소보다 더 긴장할 수밖에 없었다.

"강원도 정선입니다."

"강원도 정선이면 아리랑으로 잘 알려진 고장이잖아. 나도 딱 한 번 가봤는데 인심도 좋고 사람들이 순박하더군, 메밀전도 맛있던데. 아무튼 잘 왔어, 앞으로 이 고참병의 말을 잘 들어라. 그래야 일신이 편할 테니까. 알겠냐?"

"알겠습니다."

고참병은 강원도 정선을 잘 알고 있다는 말에 민구는 친밀감을 느꼈다. 타향에서는 고향 까마귀만 봐도 반갑다고 하지 않는가. 더구나 여기는 정적만 감도는 최전방이다. 오늘은 정답게 대해 주는 고참병이 고맙게 느껴졌다.

"무엇이든 시켜 주십시오."

"알았어."

인적이 없는 산골은 적적하기까지 했다. 쏴-하는 겨울 찬바람 소리

지붕 없는 방

에 전방의 밤은 더욱 을씨년스러웠다. 겹겹이 둘러싸고 있는 높은 산은 흰 눈이 덮여 적막강산이었다. 전방의 겨울은 오줌을 누면 바로 얼어버릴 정도로 기온이 뚝 떨어져 있었다. 해가 떨어지면 시커먼 밤하늘에 영롱한 별이 보석처럼 반짝였다. 눈옷을 입은 나무가 초병처럼 보였다. 그날 고참병은 신병을 위로하는 듯이 말했다.

"힘들지 않아?"

"괜찮습니다."

"힘들면 언제나 말해라."

"넷."

잠시 침묵이 흐르더니

"나하고 같이 갈 데가 있다."

"지금 말입니까?"

"그래, 싫어?"

"아닙니다."

고참병은 며칠 전 휴가를 다녀왔다. 무슨 이유에서인지 알 수 없으나 휴가를 다녀온 이후 고참병의 얼굴이 누렇게 뜨고 병색이 짙어 보였다. 민구는 궁금해 고참병에게 질문했다.

"어디 불편하십니까?"

"그렇게 보여?"

"그렇게 보입니다."

"괜찮다."

그러던 고참병이 오늘은 이상했다.

"따라오너라."

"넷."

잠시 후 고참병이 민구를 데리고 도착한 곳은 화장실이었다. 아프면 의무실로 가야지 왜 화장실로 오는 것일까. 민구는 은근히 두려웠다.

"무슨 일입니까?"

"너에게 보이고 싶은 게 있다."

"제게 말입니까?"

"지금부터 일은 너와 나만 알고 있어야 할 일급 비밀이다. 알겠냐?"

"명심하겠습니다."

"좋아."

잠시 후 고참병은 바지 지퍼를 열더니 자기의 물건을 거침없이 보여 주었다. 민구는 예상하지 못한 일이라 몹시 당황스러웠다. 고참병의 얼굴은 웃는 건지 우는 건지 알 수 없는 묘한 표정이었다. 풀이 죽어 있었다. 고참병의 이런 풀죽은 모습은 처음이었다. 늘 엄하고 활기 찼던 고참병이었다. 민구는 고참병의 이런 행동에 깜짝 놀라 눈을 둥그렇게 떴다. 불안한 표정으로 머뭇거리자 고참병의 얼굴이 일그러지며 낮은 목소리로 말했다.

"힘껏 쥐어 봐라!"

"제가요?"

"성추행이라고 고발하지 않을 테니 안심해라. 여기 너 말고 누가 또 있나?"

민구는 거절할 수 없었다.

"알겠습니다."

명령에 살고 명령에 죽는 것이 군대니 고참병이 시키는 대로 할 수밖에 없었다. 세상에 별난 일이 많이 일어나고 있으나 민구는 자기에게도 이런 이상한 일이 일어나리라고는 상상하지 못했다. 고참병이 시키는 대로 물건을 쥐고 힘을 다해 비틀었다. 고참병이 고통스러운 표정을 지었다. 놀랍게도 성기 끝에서 누런 액체가 나온 후 고참병의 얼굴에 엷은 웃음이 번졌다. 고통이 사라진 듯 편안한 모습이었다. 민구는 고참병의 웃는 모습을 보자 안도의 숨을 쉬었다. 고참병이 입을 열었다.

"수고했다. 여자를 좋아하다 얻은 결과물이다. 오늘 일은 너와 나만 알고 있는 비밀이다. 알겠냐?"

"넷."

"너 창녀촌에 가봤냐?"

"못 가봤습니다."

"다행이군, 남자니까 앞으로 가게 될 거야. 하지만 조심해라. 나쁜 여자들이 많으니까."

고참병은 휴가 때 청량리 588 홍등가에서 여자와 긴 밤을 보내고 나온 뒤 병을 얻었다는 것이다. 처음에는 성기가 가려우며 약간 통증이 있었으나 창피해서 약국에서 약을 사 먹으면 치료될 것으로 알고 병원에 가지 않았다는 것이다. 병을 가볍게 생각하고 숨기는 동안 점점 심해져 오늘에 이르렀다며 후회했다. 귀대한 후부터 증상이 급격하게 나빠져 어쩔 수 없이 민구에게 이런 말도 안 되는 부탁을 했다는 것이다. 그러나 고참병은 더 견디지 못하고 며칠 후 병원으로 후송되었으나 몇 개월 후 고참병은 돌아올 수 없는 곳으로 가고 말았다는 소식을 전해 들었다. 민구는 성병이 고참병의 죽음에 직접적인 원인이 되었는지 알 수 없으나 영향을 조금은 끼쳤을 것이라고 믿었다.

"재수 없는 여자를 만난 거지."

뚱보 아주머니가 이야기를 듣고 대수롭지 않게 말했다. 민구는 뚱보 아주머니를 따라가면서 고참병의 고통스러워하는 얼굴이 떠올랐다. 창녀촌 여자를 조심하라는 음성이 생생하게 들려왔다, 뚱보 아주머니가 서둘렀다.

"빨리 가세."

"성병이 겁납니다."

그러자 뚱보 아주머니는 별걱정을 다 한다는 투로 말했다.

"구더기 무서워 장 못 담그는 거 봤어? 염려 놓으시게, 고참병은 재수가 없었던 거야. 날 믿어. 내가 소개하는 여자는 백 프로 믿을 수 있으니까. 이곳 여자들은 다 관에서 철저하게 검열을 받아, 간혹 병을 속이고 장사하는 여자도 있을 거야. 먹고살아야 하니까. 고참병은 그런 여자에게 걸린 거지, 하지만 걱정할 것 없어. 의심스러우면 장화(콘돔)를 신으면 되니까."

골목에 헌병이 다시 보였다. 그 앞에 한 사병이 조사를 받고 있었다. 아마 휴가증 검사를 하는 것 같았다. 뚱보 아주머니는 요즘은 관에 단속이 심해 이 장사도 못 해 먹겠다고 투덜거렸다. 그만두고 싶지만 배운 도둑질이 이것뿐이라며 쓸쓸하게 웃었다. 잠시 후 헌병이 골목으로 사라졌다. 민구는 안도의 숨을 쉬었다.

"화대는 신병이니까 특별히 봐주는 거야. 다음부터는 안 되네. 고참병이 되면 월급도 많을 테니까 지금 돈으로는 어림없을 거야. 화대는 선불이야. 화대를 미리 받지 않으면 떼 처먹고 도망가는 새끼들이 있어. 치사한 놈들이지, 벼룩의 간을 빼먹지. 이런 인간들은 어디 가서 잘 살지도 못할 거야, 그런 새끼를 만나면 그걸 뽑아 버리고 싶다니까. 병신같은 새끼들!"

여러 번 당한 모양이었다. 민구가 말했다.

"나를 그런 인간으로 보지 마슈."

"물론이지, 하지만 사내들이란 대체로 겉만 봐서는 그 속을 몰라. 열 길 물속은 알아도 한 길 사람 속은 알 수 없다네. 그런 인간들은 어디를 가더라도 한가지일 거야, 가슴에 큰 능구렁이가 몇 마리 있는지 모르나 끝은 좋지 않을 거야. 나쁜 새키들!"

뚱보 아주머니의 입에서 계속 거친 말이 쏟아졌다.

"몸 파는 년이 오죽해서 그딴 짓 하겠어. 다 부모 잘못 만난 탓이지, 안 그래?"

"글쎄요."

눈이 계속 내리고 있었다. 도시는 깊은 겨울 속으로 빠져들었다.

가로등 불빛이 눈을 번득이며 골목을 감시하는 듯 노려보고 있었다. 두 사람은 가로등 밑을 지나 좁고 굽어진 골목길로 접어들었다. 으슥한 골목이었다. 술꾼들의 고함치는 소리가 들려왔다. 여자들과 싸우는 소리가 소란스러웠다. 술값 문제인 것 같았다. 돈이 없으면 술을 마시며 계집을 품지 말아야지 빈털터리가 욕심은 있어서, 뚱보 아주머니가 투덜거렸다. 허름한 집 유리창 너머 여자가 민구를 발견하고 손가락을 까딱거리며 오라고 손짓했다. 그러자 뚱보 아주머니가 눈을 크게 뜨고 여자에게 눈총을 쏴주었다. 여자가 찔끔하여 고개를 돌렸다. 뚱보 아주머니의 성깔을 그녀들은 잘 알고 있는 듯했다. 이런 장사를 하려면 독해져야 한다고 뚱보 아주머니가 말했다. 잠시 후 두 사람은 허름한 여인숙집 앞에서 걸음을 멈추었다. 서울에 이런 곳이 아직 있다는 것이 믿어지지 않을 정도로 낡은 건물이었다.

"우리 집이야. 들어가시게."

민구가 주춤거렸다.

지붕 없는 방

"겉은 누추하나 안으로 들어가면 괜찮다네."

"그런 것이 아니라."

"마음 놓고 들어가시게."

민구는 낡고 우중충한 건물이 마음에 들지 않는 모양이나 여기까지 왔으니 어쩔 수 없었다. 뚱보 아주머니가 시키는 대로 방으로 들어갔다.

"전화해 놨으니까 곧 올 거야."

여자가 다른 곳에서 오는 모양이었다.

"알겠습니다."

방은 언제 보수를 했는지 여기저기 빗물이 샌 흔적이 남아 있었다. 벽지가 누렇게 떠 있고 시큼한 냄새가 화장품 냄새와 뒤섞여 묘한 냄새를 풍기고 있었다. 민구가 열차 시간을 확인했다.

"빨리 보내슈."

"곧 올 걸세."

뚱보 아주머니가 느긋한 표정으로 빙긋 웃었다. '이제 네가 어쩌겠느냐.' 하는 배짱 같았다. '망설일 때는 언제고 이제는 급한 모양이지?' 하는 표정이었다. '너도 남자인데 별수 있겠어? 속이 빤히 보인다.'라는 뜻도 포함되어 있었다. 촛광 낮은 형광등 때문인지 방안은 더욱 음침했다. 방은 겨우 두 사람이 누울 수 있을 정도로 좁았다. 큰 방을 잘게 쪼갠 것 같았다. 짙은 향수 냄새와 비릿한 냄새가 섞여서 났다. 다른 사람의 체취 같았다. 금세 방을 비운 것 같았다. 민구가 얼굴을 찌

푸렸다. 방 안 한쪽에 작은 화장대가 있고 물 주전자 하나, 물컵 두 개, 수건 두 개. 칫솔 두 개, 그 옆에 콘돔까지 놓여 있었다. 민구는 방에 들어가자 피곤이 스멀스멀 파고들었다. 잠시 눈을 붙였는가 싶었는데 문밖에서 쉰 듯한 여자의 음성이 들려왔다.

"들어가도 돼유?"

여자가 도착한 것 같았다.

"그러시오."

민구가 대답했다. 문이 열리며 머리카락이 푸석한 여자가 들어왔다. 민구는 여자의 얼굴을 보았다. 잠을 자지 못한 듯 부어 있었다. 초점을 잃은 듯한 눈, 사방으로 흐트러진 머리카락, 아무렇게 입은 옷차림새. 입술에 반쯤 지워진 립스틱, 이런 여자를 밤에 길거리에서 만나면 영락없이 귀신으로 오해하기 알맞은 모습이었다. 옷 사이로 유방이 반쯤 얼굴을 내밀었다. 여자는 자기 몸에 관심이 없는 듯했다. 자기 몸이지만 남의 물건처럼 생각하는 것 같았다. 여자는 자리에 앉기가 무섭게 담배를 피워 물었다. 금세 좁은 방안에 담배 연기가 가득했다. 여자는 묻지도 않았는데 자기 이름을 말했다.

"나 장미야. 이름 예쁘지? 겨울 장미, 성은 꽃씨야."

"……"

"남자들은 이런 곳에 오면 버릇처럼 고향이니 이름이니 그런 걸 잘 묻던데, 그래서 미리 아저씨에게 알려 주는 거야."

"아저씨라고?"

민구가 퉁명스럽게 말했다.

"아저씨가 싫어? 이런 곳은 처음이야?"

여자는 금세 처음이라는 것을 눈치챈 듯했다. 재미없다는 표정을 지었다. 처음인 것들은 맹목적으로 사람을 더 못살게 군다는 것이다. 여자는 갈증이 나는지 주전자 꼭지를 입에 물더니 벌컥벌컥 물을 빨아들였다. 한참 물을 마시던 여자는 울화가 치미는지 욕을 했다.

"그 새끼는 자기가 변강쇠라도 된다는 건지 사람을 잠도 못 자게 하는 바람에 사람 미치겠더라니까. 이런 인간들을 만날까 두렵다니까."

"나를 그런 인간으로……."

"아저씨 말고… 처음인 것들이 그렇다는 거지."

민구는 자기에게 들으라고 하는 말 같아 얼굴이 붉어졌다. 좀 전에 만나고 온 남자에게 아직 화가 덜 풀린 모양이었다. 욕설이 계속 이어졌다.

"그런 인간들을 만나면 이가 갈려, 내가 무슨 인조인간이야? 밤새껏 발광하는 꼴은 못 봐주겠다니까. 아무것도 아닌 것들이 사람만 골탕 먹이고, 동생 공부도 시키고, 먹고살려고 이런 짓을 하지만 기분이 더럽다니까. 시골에 있는 부모님은 내가 큰 회사에 다니고 있는 줄 알고 있어, 내가 무슨 짓을 하는지 몰라."

여자가 내뿜는 담배 연기가 허공을 맴돌다가 사라졌다. 손톱을 보니 누렇게 색이 변했다. 담배에 찌든 손톱이었다. 여자가 말했다.

"한 가지 부탁해도 돼?"

"뭔데?"

"마른오징어와 맥주 한 병 시키자. 이런 곳은 처음이니 곧 알게 될 거야. 맥주는 윤활유 역할을 하거든. 시킬까?"

민구가 대답하기 전에 여자가 말을 이어 갔다.

"나는 아직 저녁밥을 못 먹었어."

"지금 몇 신데 여태 밥 안 먹었어요?"

"우리 같은 여자에게 존댓말 같은 거 하지 않아도 돼, 오랜만에 들어 보니 되게 어색하네. 우리에게 밥시간 같은 것이 어디 있어? 아무 때 먹으면 그게 밥시간이지."

"……."

여자는 민구의 의사 따위는 들을 필요가 없다는 듯 주방 쪽에 대고 소리쳤다. "엄니, 여기 맥주 하나, 오징어, 땅콩, 시원한 배." 그러자 부엌 쪽에서 뚱보 아주머니가 기다리고 있었다는 듯 "그려, 그려. 알았네." 하더니 빠르게 술상을 들여왔다. 미리 술상을 봐 둔 것 같았다. 여자는 음식을 보자 며칠 굶은 사람처럼 허겁지겁 먹어댔다. 민구는 넋이 나간 사람처럼 여자를 바라보았다. 귀신에 홀린 기분이었다. 여자는 오징어를 씹으면서 중얼거렸다.

"남자에게 밤새 시달려 보라고. 어떤 새끼들은 한잠도 못 자게 하거든, 이런 날은 재수 옴 붙은 거지."

남자에게 정신없이 욕을 하더니 배가 부른지 자리에 벌렁 누웠다.

여자는 만화책을 펼쳐 들었다. 무슨 내용인지 알 수 없으나 만화책을 보며 히죽거렸다. 형광등 아래 여자의 하반신이 적나라하게 노출되었다. 핏기를 잃은 하얀 다리는 여자의 몸에서 떨어져 나와 별개의 것으로 보였다. 여자가 말했다.

"빨리 끝내."

여자의 말에 민구는 주눅이 들었다. 창녀촌에 여자를 조심하라던 고참병의 음성이 귓가에 맴돌았다. 민구가 머뭇거리자 여자가 눈치라도 챈 듯 불쌍한 표정으로 바라보며 말했다.

"나는 병이 없어. 의심되면 콘돔 써."

민구가 우물쭈물했다.

"그런 것이 아니라……."

민구의 머릿속이 복잡하게 움직였다. 만일 이 여자에게 병이 있다면 자기는 죽은 목숨이나 다름이 없을 것이다. 바쁜 듯이 서두르는 여자의 행동도 믿을 수 없었다. 고참병의 고통스러워하는 모습이 떠오르자 몸이 움츠러들었다. 에이즈를 앓고 있는 여자가 병을 감추고 남자에게 복수하려고 자진해서 남자와 관계한다는 내용을 신문에서 읽은 적이 있었다. 퇴폐업소가 단속되면서 홍등가에서 검열받지 않고 일하던 여자들이 사방으로 흩어져 변태영업을 하고 있다는 소문도 있었다. 홍등가에서 영업하는 여자들은 정기적으로 성병 검사를 받고 있으나 변태 영업을 하는 여자들은 성병 검사를 받지 않아 성병의 위험을 내포하고 있다는 것이다. 민구가 이런 생각에 골몰하고 있을 때 여자는 만화책을 뒤적이며 재촉했다.

"빨리 끝내라니까!"

"그그그……."

"다른 곳에서 영업하지 못하면 책임질 거야?"

"내가 왜?"

"그러니까 빨리 끝내라니까."

민구가 머뭇거리자 여자는 보던 만화책을 빠르게 덮고 자리에서 벌떡 일어나더니 충고라도 하는 것처럼 한마디 했다.

"아저씨 같은 군바리를 만나면 우리도 피곤해, 걱정돼서 충고하는데 다른 데 가서 이러지 마. 뺨 맞으니까."

여자는 뒤도 돌아보지 않고 나가버렸다. 이미 화대는 뚱보 아주머니에게 미리 준 상태여서 여자에게는 손해 볼 것이 없었다. 여자가 방을 나가자 민구는 정신이 돌아온 듯 서둘러 가방을 어깨에 메고 여인숙을 빠져나왔다. 그동안 잠시 귀신에 정신을 빼앗겼다가 풀려난 기분이었다. 고참병의 웃는 얼굴이 떠올랐다. 잘 참았다고 칭찬하는 것 같았다. 민구는 부지런히 청량리역으로 향했다. 눈이 가로등 불빛 사이로 나비처럼 너풀거리며 내렸다. 안내 방송이 들려왔다.

"강릉행 열차가 곧 출발하오니 승객들은 승차하여 주시기 바랍니

지붕 없는 방

다. 기차는 당 역에서 23시에 출발하여 다음날……."

정선으로 가려면 영동선을 타고 가다 민둥산역에서 정선으로 가는 열차를 바꿔타야 한다. 민구는 손님들의 틈에 끼여 개표구를 빠져나왔다. 그때 대합실 저쪽에서 손을 흔드는 여자를 보았다. 뚱보 아주머니였다. 또 오시게, 하는 것 같았다. 민구는 얼굴을 붉혔다. 기차에 몸을 실으며 안도의 숨을 내쉬었다. 잠시 후 기적 소리가 눈 내리는 밤하늘에 우렁우렁 퍼져나갔다.

불쌍한 두 노인

탑골공원 후문 쪽 담에 기대어 옆으로 긴 판자로 된 탁자가 놓이고 그 앞에 네 개의 의자가 놓여 있었다. 간이 술상 테이블이다. 가게가 좁아 강릉댁이 임시로 만들어 놓은 식탁이다. 오래전부터 이곳에는 서로 다른 인생을 살아온 두 노인이 매일 만나 술을 마시며 인생 말년을 보내고 있었다. 박 노인과 송필 노인이다. 비가 오나 눈이 오나 두 노인은 하루도 쉬지 않고 이곳을 찾아 막걸리로 목을 축이며 마누라에 대한 불만, 자식에 대한 불만을 털어놓았다.

박 노인은 높은 관직에 있다가 퇴직했고 송필 노인은 마누라 덕에 먹고사는 인생 낙오자다. 송필 노인은 한때 사업을 해서 돈을 벌기도 했으나 아이엠에프로 망한 경력을 가지고 있었다.

서로 살아온 길이 달라도 이곳은 두 노인에게 유일한 안식처가 되었다. 길 건너편 가게 안에는 작은 홀이 있으나 두 노인은 사방에 갇혀 답답하게 술을 마시는 것보다 하늘을 볼 수 있고, 구름을 볼 수 있

지붕 없는 방

고, 새소리를 들을 수 있는 노천(露天) 술자리를 더 좋아했다. 살랑거리며 나뭇가지를 스치는 바람도 좋고, 탑골공원 나무숲에서 들려오는 새소리를 들을 수 있어 좋았다. 두 노인은 오늘도 선짓국 한 사발에 막걸리로 목을 적시며 빠르게 변해가는 세상을 한탄하고 있었다. 두 노인은 막걸리를 두 병째 비우고 있었다. 송필 노인이 한마디 했다.

"도덕 같은 것은 없는 세상이오."

"앞으로 노인들이 걱정일세."

박 노인이 술잔을 비우며 동조했다. 송필 노인의 시선은 길 건너 강릉댁 쪽에 가 있었다. 강릉댁이 머리가 휘날리도록 선짓국을 퍼 나르랴, 홀안의 손님을 받으랴 바쁘게 움직였다. 강릉댁은 송필 노인과 눈이 마주치자 벙싯 웃어 주었다. 송필 노인은 자네 그 웃음 때문에 다른 곳으로 갈 수 없다네, 하고 혼잣말했다. 강릉댁이 선짓국을 가져오며 말했다.

"너무 취하도록 마시지 마슈."

"넓은 천지에서 늙은이를 생각해 주는 사람은 자네밖에 없구먼."

밤은 점점 깊어갔다. 어떤 노인은 술에 취해 청춘가를 흥얼거렸다. '청춘 홍안을 네 자랑 말아라. 덧없는 세월에 백발이 되노라.' 쉰소리다. 덧없이 살아온 자신의 신세를 한탄하는 것 같았다. 젊은 사람들이 지나가며 입을 비쭉거렸다. 박 노인이 잔을 들며 말했다.

"뉴스를 보니 전세방에서 노인의 죽음이 일주일이나 방치됐다가 발견됐다더군. 자식도 몇이나 되던데. 아무도 임종을 안 한 모양이야."

"떨어져 사는 자식들이 노인에게 관심이나 가졌겠어요?"

"앞으로 걱정이구면."

"늙은이를 짐으로 생각하는 세상이 아닙니까? 요즘 젊은 사람들은 자기들은 늙지 않고 천년만년 살 것같이 생각하는 것 같소이다. 어리석은 것들."

벽걸이 티브이에서는 노인의 죽음에 대한 뉴스가 계속되고 있었다. 송필 노인이 음성이 높아졌다.

"부모를 버리는 것은 장소만 다를 뿐 예전 고려장이나 무엇이 다릅니까. 이게 다 수명이 길어서 벌어지는 일이 아니겠습니까? 오래 살아도 걱정입니다."

"그렇기는 하네."

술잔을 든 박 노인의 손이 가늘게 떨렸다. 송필 노인이 말했다.

"돈밖에 모르는 세상이니……."

두 노인의 이야기가 밤이 깊어도 끝이 없다. 보통 나이 십 년 터울이면 말을 함부로 할 수 없는 것이 우리의 전통이나 객지에서는 나이 차이가 많아도 개의치 않고 말을 터놓고 지낸다. 하지만 송필 노인은 세 살 위인 박 노인을 꼬박꼬박 형님으로 모셨다. 박 노인은 일흔다섯이고 송필 노인은 일흔둘이다. 과거에 무슨 일을 했건 두 노인에게는 문제가 되지 않았다. 외로우니 서로 친구가 되었을 뿐이다. 박 노인은 아내가 몇 해 전 위암으로 다른 세상으로 가버렸다며 한숨을 쉬었다.

지붕 없는 방

"사람이 가고 나니 산다는 게 허무하더구먼."

"그런데도 서로 천년만년 살 것처럼 으르렁대니."

"아내가 죽고 나니 여러 가지 잘해 주지 못한 것만 떠오르더구먼, 바쁘다는 핑계로 남들이 잘 가는 꽃구경도 하지 못했으니 마음에 늘 걸린다네. 자네는 있을 때 잘하시게."

"그렇기는 할 테지요."

"대답이 어째 시원하지 않으이."

송필 노인이 잔을 들었다. 두 노인은 술이 없으면 살지 못할 것 같은 노인들이다. 가게 앞 가마솥에는 사시사철 술국이 부글부글 끓고 있었다. 뒷골목이지만 지금은 자리가 없을 정도로 술꾼이 많이 모여들었다. 선짓국 하나면 막걸리 몇 병을 거뜬하게 비울 수 있다. 이곳은 술꾼들의 마음에 평화를 주었다. 주위 환경이 다 변해도 이곳만은 예전 그대로다. 낡고 허름한 건물, 헌 구둣방 할아버지 가게, 값이 싼 이발소, 길에 이리저리 펼쳐놓은 만물상들, 모두 돈과 담을 쌓고 사는 사람들이 모여 사는 동네 같았다.

박 노인과 송필 노인이 만난 지 올해로 십 년이 넘었다. 지금은 형님 아우 하는 사이로 가깝게 지낸다. 세월이 십 년이 넘자 두 사람의 신변에도 변화가 생겼다. 박 노인의 아들은 미국에 유학을 떠난 후 그곳에서 박사가 되어 미국 여자와 결혼하여 살고 있다. 박 노인은 외국 여자를 며느리로 맞는 것이 탐탁하지 않았으나 자식이 좋다고 하니 어쩔 수 없었다. 결혼식 때 며느리의 얼굴을 한 번 보았을 뿐 지금은 눈앞에 형체만 가물가물 남아 있을 뿐이다.

송필 노인 역시 자식 둘 다 결혼하여 집을 떠나고 지금은 내외가 살고 있다. 두 노인 다 자식이 있으나 함께 살고 있지 않으니 없는 것과 다름이 없다. 박 노인은 아내가 세상을 떠나자 빈자리가 너무 크더라며 송필 노인에게 아내가 있을 때 잘하라고 충고했다.

"살아 있을 때 잘하시게."

하자 송필 노인이 씁쓸한 표정을 지었다.

"형님은 모르시는 말씀입니다. 요즘은 나이 먹은 여자일수록 상대하기 힘든 세상으로 변했소이다."

"내 귀에는 배부른 소리로 들리니 어쩌나."

두 노인은 얼얼하게 취했다. 해가 빌딩 꼭대기에 턱을 걸치고 있다. 빌딩 벽에 붙어 있는 벽걸이 티브이에서는 여전히 노인의 쓸쓸한 죽음을 시간마다 전하고 있다. 자식들이 나타나 재산 싸움하는 이야기도 전했다. 박 노인은 마음이 울적했다. 혼자 살고 있으니 언제 저런 신세가 될지 모른다며 남의 이야기처럼 들리지 않았다. 남들은 박 노인에게 출세한 아들을 두어 앞으로 호강할 일만 남았다고 입에 침이 마르도록 칭찬할 때 박 노인의 마음속은 까맣게 타들어 갔다.

"호강은 무슨. 남의 속도 모르고."

박 노인은 자식의 얼굴마저 가물가물했다.

지붕 없는 방

"자식은 옆에 있어야 자식이지 옆에 없으면 다 헛것이네."

두 노인의 이야기가 끝이 없다. 송필 노인이 말했다.

"저는 형님 같은 박사 자식을 두면 좋겠소."

"부러워하지 마시게."

송필 노인의 큰아들은 대학을 나와 중소기업에 다니고 있고 둘째는 대학을 졸업한 후 사업을 한답시고 동대문 상가에 옷가게를 차렸으나 장사가 안 된다며 최근까지도 자기에게 손을 벌린다는 것이다. 사업 수완이 없어 자기가 손해 보는데 왜 늙은 부모가 번번이 손해를 메꿔야 하는지 한심하다며 불평했다. 이러다 노후 자금으로 마련한 돈까지 내놓으라고 할 판이라며 박 노인을 부러워했다.

"형님이 부럽소."

"부러워 말게, 나는 오히려 자네가 부러우이."

"모르시는 말씀입니다. 자식이 가까이 살면 짐이 됩니다."

두 노인은 자식에 대한 이런저런 불만을 털어놓았다. 송필 노인은 자식들이 가까이 살면 화가 나는 일이 한두 번이 아니라는 것이다. 저희 놈들은 철마다 자기 가족들만 데리고 해외여행을 가면서 노인은 객지에 나가면 음식이 맞지 않아 고생한다는 둥, 비행기를 오래 타면 멀미한다는 둥, 별 핑계를 다 대며 집이나 봐 달라는 것이다. 이럴 때는 저런 자식을 왜 낳아 죽도록 가르쳤을까, 하고 후회하기도 한다는 것이다. 요즘 학교에서는 사람 되는 법을 가르치는 것이 아니라 불효하는 법만 가르치는 모양이라고 한탄했다.

"세상이 무섭습니다."

"이렇게 되기 까지는 어른들의 책임도 크다네."

고층빌딩에 턱을 걸치고 있던 해가 넘어가자 도시는 새로운 모습으로 바뀌었다. 뉴스에서는 죽은 노인이 파지(破紙)를 모아 팔아서 만든 돈 일억 원을 마을금고에 저금했다는 소식과 자식들이 그 돈을 서로 많이 차지하려고 싸우고 있다는 소식도 전했다. 죽은 노인의 혼령(魂靈)이 자식들의 이런 꼴을 보면 피눈물을 흘리지 않겠느냐고 박 노인이 말했다. 송필 노인도 혀를 찼다.

"한심한 인간들."

요즘 뉴스를 보고 있으면 정상적인 인간 세상에 사는 것 같지 않다. 사이비 교주가 감언이설로 성도를 성폭행하고, 일면식도 없는 여자를 폭행 강간하고, 티브이를 보고 있으면 마치 무법천지에 살고 있는 것 같았다. 법이 있어도 무용지물 같은 세상이 도래한 것이다. 송팔 노인이 말했다.

"법이 물러서 그럽니다."

"법이 강해도 본성이 나쁜 인간들은 어쩔 수 없겠지."

"학교에서는 대체 뭘 가르치는지 모르겠어요."

밤이 깊어가도 두 노인의 이야기는 끝이 없었다.

탑골공원 뒷골목 술집은 밤마다 떠들썩했다. 가슴에 쌓인 응어리를 풀기 위해 찾아오는 손님들도 많다. 초라한 술자리지만 사람 사는 냄새가 물씬 나는 곳이다. 며칠 후 송필 노인은 좋지 않은 일이 생겼는지 얼굴이 어두워 보였다. 박 노인이 물었다.

"오늘은 근심이 많은 사람처럼 보이는구먼."

"근심이 많습니다."

"뭔지 말해 보시게. 나쁜 일일수록 나누어 갖는 것이 좋다고 했네. 사람 사는 일이란 너무 깊이 고민할 필요가 없네. 알고 나면 별것 아닐 때가 더 많으니까. 부인 때문인가?"

"그렇습니다."

"늦바람이라도 났는가?"

"모르지요, 아무튼 매일 집을 비우니 속이 터집니다."

송필 노인은 며칠 전 늦게 다니는 아내에게 일찍 다니라고 한마디 했다가 이 나이에 남편의 간섭을 받아야 하느냐며 다른 집 남자들은 아내가 무슨 짓을 해도 간섭하지 않는다는데 당신은 왜 사사건건 참견하느냐며 불평했다. 이후 송필 노인은 아내가 집을 나가건 들어오건 상관하지 않았다. 며칠 전 밤이 늦어도 집에 들어오지 않아 은근히 걱정이 되어 아내에게 전화를 걸었다. 전화기에서 청승맞은 유행가 가락이 흘러나왔다.

이웃에 사는 친구가 손녀딸을 데리고 놀러 왔다가 송필 노인의 핸드폰 소리를 듣더니 촌스럽다며 최신 유행가로 바꾸어 놓았다. '이별은 슬픈 것. 이별은 하지 말아야지.' 어쩌고 하는 노래 가사가 빠르게 반복되었으나 아내는 전화를 받지 않았다. 송필 노인은 몇 번 더 불러보다가 응답이 없어 전화를 막 끊으려고 하는데 불쑥 굵은 남자의 음성이 들려왔다.

"누구시우?"

하는 바람에 송필 노인이 깜짝 놀라 전화를 얼른 끊어버렸다. 환청인가, 생각하면서도 웬 남자가 남의 아내 전화를 받는 것일까, 하고 이상한 생각이 들어 전화번호를 몇 번 확인해 보아도 틀림없이 아내의 전화번호가 맞았다. 불길한 생각이 머리를 괴롭혔다.

"어떤 자식이……."

의심은 꼬리를 물고 일어나 며칠 동안 잠을 자지 못했다. 이야기를 듣고 있던 박 노인이 물었다.

"그럼 첫사랑 남자라도 만난다는 건가?"

"모르지요, 의심은 갑니다."

아내가 옛 애인을 만나기 위해 가출할지도 모른다는 생각이 들자 송필 노인은 화가 치밀었다. 지금까지 아내의 껍데기만 데리고 산 것 같았다. 요즘은 노인도 약 한 알이면 회춘이 가능한 세상이다. 송필 노인은 쇠망치로 머리를 한 대 얻어맞은 기분이었다. 오늘도 아내의 귀가 시간이 늦었다. 여러 가지 생각을 하다가 도저히 참을 수 없어

지붕 없는 방

전화를 걸었다. '이별은 슬픈 것, 이별은 하지 말아야지' 어쩌고 하는 음악이 흘러나왔다. 아무 응답이 없어 전화를 막 끊으려고 하는 순간 아내의 음성이 들려왔다.

"왜 전화하는 거야, 늙은 사람을 누가 업어가기라도 할까 봐 그래? 아무 일이 없으니 전화하지 마, 창피하게."

송필 노인은 정신 나간 사람처럼 멍하니 있다가 물었다.

"좀 전에 남자가 전화를 받던데 누구야?"

"천박하게 노네, 이제는 질투까지 하는 거야? 대놓고 없는 죄를 만들어 생사람 잡으려고 하는구먼."

"틀림없이 남자였다니까. 아니야?"

"병 중에 의처증이 제일 나쁘다는데, 곱게 늙으시우."

전화가 끊어졌다. 송필 노인은 내가 정말 의처증이라도 걸렸다는 건가, 고개를 갸웃했다. 어쩌면 아내를 의심한 나머지 그런 환청이 들렸을지도 모른다고 생각하자 정말 의처증이 아닐까 겁이 덜컥 났다. 그날 늦게 귀가한 아내는 다른 친구들은 남편의 그늘에서 벗어나 마음껏 자유롭게 돌아다니는데 자기만 남편에게 감시받고 있는 것 같다며 기분이 나쁘다고 말했다. 그러면서 같이 늙어가는 처지에 이래라저래라 간섭하지 말라고 했다. 간섭하면 옆에 있는 것만으로 짐이 된다는 것이다. 송필 노인은 황혼 이혼이라도 하고 싶으냐고 묻자 아내는 그렇게 할 수 있으면 하고 싶다고 말했다. 그러면서 이내는 남자는 여자가 없으면 일 년도 못 사는데 여자는 남자가 없으면 칠 년을 더 산다는 보도를 보았다며 이혼하면 훨훨 날아다니며 잘 살 수 있을 것 같다는 것이다. 송필 노인은 등골이 서늘했다. 진심으로 하는 말 같았다. 그러자 전화기에서 들려온 남자의 목소리가 환청이 아니라는 생각이 들었다. 남자의 음성이 송필 노인의 머릿속을 휘젓고 다녔다. 그 남자가 정말 아내의 첫사랑이라도 된다는 것인가. 송필 노인은 마음에 병을 얻어 머리를 싸매고 누웠다.

아내는 남편이 자리에 눕건 말건 신경 쓰지 않았다. 집에 있는 날은 종일 티브이 연속극에 빠져 있었다. 송필 노인이 뉴스를 보자고 하면 맨날 싸움이나 하는 정치 뉴스를 왜 보느냐며 신경질을 부린 후 기회라도 잡은 듯 당신 때문에 티브이도 마음대로 볼 수 없으니 친구를 만나야 하겠다며 집을 나갔다. 송필 노인은 저 저, 하다가 어쩔 수 없이 일찍 다니라고 말한 후 자리에 누웠다. 그날도 아내는 밤늦게 귀가했다. 송필 노인이 따졌다.

"첫사랑이라도 만나는 거야?"

하자 아내가 빈정거리는 투로 말했다.

"어떻게 알았어, 오늘은 식당에서 싱싱한 회를 사주던데, 당신은 그런 적이 한 번도 없었잖아."

"살기 바빠서 그랬어. 후회하고 있어."

"지금 후회하면 뭣해, 지나간 버스에 손들기지, 병원에 가서 진료를

지붕 없는 방

받아 봐. 하는 짓을 보니 혹시 의처증 같은데."

"나는 건강해."

"내가 보기에는 십중팔구 의처증이야."

한 때 송필 노인은 산중에 있는 절에 들어가 판검사가 되기 위해 고시 공부할 때가 있었다. 결혼 한 아내는 남편을 철석 같이 믿을 수밖에 없었다. 송필 노인은 판검사가 되기만 하면 몇 배로 호강시켜 주겠다고 약속했다. 그러나 관운이 따르지 않아서인지 고시에 몇 번 낙방하자 판검사를 포기하고 사업을 시작했다. 사업도 운이 따라야 하는 모양이었다. 시작하자마자 아이엠에프가 터지고 투자금을 다 날리고 말았다. 인생에 먹구름이 끼었는지 되는 일이 하나도 없었다. 절망에 빠져 극단적인 생각까지 하게 되었으나 열심히 일하는 아내를 보며 생각을 고쳐먹었다.

"이 은혜를 반드시 갚으리다. 때를 기다리시우."

하고 약속했으나 나이 먹고 노인이 될 때까지 그 약속을 지키지 못했다. 그러는 사이 자식 둘은 가정을 꾸려 집을 나갔다. 두 내외만 남게 되자 아내는 젊었을 때 한 고생을 만회라도 하려는 듯 매일 친구를 만나러 간다며 외출했다. 아내는 집에만 있는 송필 노인이 딱하게 보였는지 한마디 했다.

"당신은 갈 데가 그렇게 없어?"

"없지, 이 나이에 누가 반겨 준다고."

송필 노인은 아내의 외출이 마음에 걸려 한마디 했다.

"여자가 집에 붙어 있으면 어디 덧나, 매일 누구 만나러 다니는데?"

"남이야 누구를 만나든 상관하지 마. 지금까지 부려 먹었으면 됐지, 앞으로 나를 종부리듯 하지 마. 세상이 예전과 다르니까."

아내가 큰소리쳤다. 송필 노인이 한마디 했다가 본전도 찾지 못했다. 집에 있는 날은 이런 소소한 말다툼이 계속되었다. 하루는 송필 노인이 외출했다가 늦게 집에 들어오니 아내가 외출하고 없었다. 송필 노인은 방에 누워 아내가 돌아오기만을 기다렸다. 배에서 꼬르륵 소리가 났다. 낮에 박 노인과 라면으로 점심을 때운 것이 소화가 빨리 된 모양이었다. 밤이 늦었는데도 아내로부터 아무 연락이 없자 전화를 걸었다. 전화기에서 유행가 가락이 흘러나왔다. 음악이 반복되어도 전화를 받지 않아 송필 노인은 먹통인 전화기에 대고 화풀이를 했다.

"여자가 밤늦도록 어디로 쏘다녀!"

혼잣말 하고 막 전화를 끊으려고 하는데 수화기에서 아내의 성난 음성이 들려왔다.

"지금 날 보고 하는 소라야?"

송필 노인이 화들짝 놀랐다, 혼잣소리로 말했는데 아내가 전화기를 들고 있었던 모양이었다.

"혼자 해본 소리네. 지금 어디 있는데?"

"그걸 내가 보고해야 돼? 그 나이에 질투까지 하는구먼. 쓸데없는 상상하지 말고 전화 끊어!"

아내는 전화를 끊어버렸다. 송필 노인은 천장만 바라보고 있으려니 한숨이 절로 나왔다. 어쩌다 세상이 여기까지 왔을까 하는 생각이 들었다. 아직도 낯선 남자의 음성이 귓가에서 뱅뱅 돌았다. 아내는 첫사랑 남자를 만나고 있는 것은 아닐까. 이 나이에 첫사랑을 만나서 뭐 어쩌겠다는 건가. 평화로운 가정에 불이라도 지르려는 것인가. 별의별 생각이 다 들었었다.

여러 가지 생각이 꼬리를 물고 일어났다. 배에서 꼬르륵 소리가 났다. 밥을 몇 숟갈 뜨는 둥 마는 둥 하고 수저를 놓은 후 티브이를 켰다. 싸움박질하는 정치판 뉴스가 방송되고 있다. 티브이를 끄고 다시 천장을 향하고 누웠다. 그때 문밖에서 발소리가 자박자박 나자 강아지가 꼬리를 흔들며 반가워했다. 아내가 왔다는 신호였다. 잠시 후 아내가 들어오더니 강아지에게 간식을 챙겨 주면서 송필 노인에게는 관심도 보이지 않았다. 송필 노인은 서운한 감정을 감춘 후 점잖게 말했다.

"나, 배가 고픈데."

"시방 외출에서 돌아온 날 보고 밥상을 차리라는 거야?"

"여기 당신밖에 더 있어?"

아내가 화를 냈다.

"당신은 손이 없어?"

"손이야 있지."

"그럼 차려 먹으면 되잖아. 손을 아꼈다가 뭣에 쓸 건데, 내가 밥 차려주는 여자야? 다른 집 남자는 혼자서도 잘 차려 먹는다고 하더구먼."

"못 하겠다는 거야?"

"나도 피곤해 그러니 차려 먹으라는 이야기지."

"큰일이라도 하고 온 것 같군."

송필 노인은 지금 자기 앞에 있는 이 늙은 여자가 평생 살을 섞으며 살아온 아내가 맞는지 의심이 들었다. 남편을 강아지만도 못한 취급을 하고 있지 않은가. 이제는 완전히 찬밥 신세가 된 것 같았다. 아내가 빈정대며 말했다.

"친구가 있으면 좀 돌아다녀. 갈 데가 그렇게 없는 거야?"

"친구야 있지, 지금 찾아가면 돈이나 구걸하러 온 줄 알 텐데."

"그런 인간이 무슨 친구야."

아내는 못을 박듯이 말했다.

"경고하는데 돈이 없다고 행여 이 집을 내놓으라고 하지 마, 내 집이니까. 그때는 가만히 있지 않을 테니까."

"또 그 소리야."

집 이야기만 나오면 송필 노인은 한풀 꺾였다. 아내가 불리할 때마다 꺼내 드는 무기다. 송필 노인이 고시공부를 포기하고 사업을 막 시작했을 때 일이었다. 친구가 취직하는 데 보증인이 필요하다며 보증을 서 달라고 사정해서 아내 몰래 보증을 서 주었다가 회사가 망해 부도를 내는 바람에 집을 날릴 뻔한 적이 있었다. 길바닥에 나앉을 신세가 될 뻔했으나 아내의 도움으로 겨우 집을 건질 수 있었다. 이후 아내는 남편을 믿을 수 없다며 집 명의를 자기 앞으로 돌려버렸다. 아이엠에프를 맞아 사업이 거덜이 날 때도 집만은 구할 수 있었다. 송필 노인이 아내에 대한 실수는 이것 말고도 또 있었다. 사업이 망하자 매일 술에 의지해 살 때였다. 절망에 빠졌을 때 술이 보약이었다. 술에 취해 집에 와서 아내를 술집 여인으로 착각하고 이상한 행동을 하다가 혼이 난 일이 있었다. 다음날 아내는 정신이 돌아온 송필 노인에게 쏘아붙였다.

"술에 취하니 완전히 짐승이 되더구먼, 여편네도 몰라보고 술집 여자로 알고 별짓을 다 시키던데, 남자들이란……."

"내가 그런 짓을……."

"자기가 한 일을 모른단 말이야?"

"술이 한 일이니 나는 모르지."

"얼굴에 철판을 깔았구먼."

결정적인 실수는 초등학교 후배와 술을 마시던 날이었다. 그날은 눈이 내리는 밤이었다. 술을 마시기 딱 좋은 밤이어서 후배와 함께 마음껏 술을 마셨다. 흠뻑 취했다. 어둑어둑해지자 사람들은 자기 둥지를 찾아 떠나자 송필 노인도 집으로 가려고 자리에서 일어났으나 아내의 성난 얼굴이 떠오르자 주춤했다. 술에 취해 들어가면 바가지 긁힐 일이 뻔했다. 궁리 끝에 묘안을 짜냈다. 택시를 잡으려는 후배에게 말했다.

"어이, 자네 아직 우리 집을 구경하지 못했지. 가세. 우리 집에서 한잔하세. 어떤가, 형수님의 얼굴도 보고. 미인은 아니나 마음씨 하나는 심청이네, 자네를 보면 반가워할 걸세."

"밤이 깊었습니다."

"이 사람, 그런 걱정은 마시게. 우리 집사람은 그런 건 따지지 않는다네."

"형님이 그렇게 애원하시니 딱 한 잔입니다."

"그러세."

눈이 내리자 날씨가 포근했다. 눈은 두 사람의 만남을 축복이라도 하려는 듯 하늘에서 솔솔 뿌려주었다. 택시를 타고 집에 돌아오니 대문이 꼭꼭 닫혀 있었다. 송필 노인은 후배 앞이라 체면도 있고 해서 호기 있게 발길로 대문을 몇 번 걸어차자 아내가 달려 나왔다. 눈에 불이 붙었다. 후배에게 인사를 하는 둥 마는 둥 하고 송필 노인의 팔을 잡아끌고 집 안으로 들어갔다. 조금 후 죄인 다루듯 하는 소리가 후배 귀에까지 들려왔다.

"지금 몇 신데 후배를 끌고 와, 여기가 술집이야? 내가 그 속을 모를 줄 알고……."

송필 노인은 후배가 들을세라 조심스럽게 말했다.

"당신도 초등학교 후배 영식이란 이름을 들었지, 같이 고시 공부하던 친구야. 지금은 인기 변호사로 잘 나가던 데, 우연히 길에서 만났는데 한잔하자고 애원하는 거야. 당신 안부도 묻고 해서 거절할 수 없더구먼, 사람은 확실히 벼슬을 하고 봐야 돼. 술을 마시다 보니 시간 가는 줄 몰랐어, 후배가 형수님 뵈러 온다기에 거절할 수 없잖아, 나 같은 놈에게 이런 후배가 있다는 게 자랑스럽기도 하고. 안 그래?"

"뭐가 안 그래, 가짓말 하지 마! 내가 그 속을 모를 줄 알고."

"거짓말은 무슨,"

아내는 송필 노인의 마음을 꿰뚫고 있었다. 선배 방에서 초조하게 밤을 보낸 후배는 날이 밝기 전에 도망치듯 집을 뛰쳐나오며 한마디 했다.

"선배, 고생 좀 하겠소, 쯧쯧"

잠시 후 평평 쏟아지던 눈이 멈추었다. 세상 사람의 마음이 눈처럼 하야면 얼마나 좋을까. 후배는 눈이 쌓인 거리를 부지런히 걸으며 혼자 말했다.

그날 아내는 송필 노인에게 못을 박았다.

"앞으로 두 번 다시 잔꾀 부리지 마. 나도 가만히 있지 않을 테니까."

이후부터 송필 노인은 아내에게 노예처럼 꼼작 못하고 살았다. 오늘도 아내가 외출에서 돌아와 개밥은 챙기면서 송필 노인은 본체만체했다. 송필 노인은 부아가 나서 주부가 일찍 다니지 왜 밤늦게 다니느냐고 잔소리하자 아내는 당신도 하고 싶은 일이 있으면 집에 신경 쓰지 말고 마음대로 하라며 강아지를 안고 자기 방으로 들어가 버렸다. 송필 노인은 어쩌다 강아지만도 못한 신세가 되었다며 한숨을 쉬었다.

박 노인은 송필 노인의 이야기를 다 듣고 한마디 했다.

"의처증이 별건가. 아내를 믿지 못하면 그게 의처증이지."

"선배님 보기에도 내가 몹쓸 병에 걸린 것 같습니까?"

"그렇게 의심이 가네. 무슨 병이 든 오래 묵으면 안 좋다네. 병원에 가 보시게."

박 노인과 송필 노인은 오늘도 탑골공원 뒤 노천 술집에서 만나 이런저런 이야기를 나누며 술을 마셨다. 종일 같은 이야기를 주고받으면서도 싫증 내지 않았다. 도시에 어둠이 내리고 술꾼들이 떠나도 박 노인과 송필 노인의 술자리는 밤늦도록 이어졌다. 흠뻑 술에 취해서 두 사람이 자리에서 일어났다. 도시의 화려한 불도 꺼진 후였다. 취객들이 택시 잡기에 혈안이 되었다. 그때 박 노인의 핸드폰이 울렸다. 박 노인이 전화를 받았다.

"누구시오?"

"접니다. 미국입니다."

박 노인은 깜짝 놀랐다. 명절도 아니고 아내의 기일도 며칠 남았는데 어쩐 일로 전화를 했을까, 하고 걱정이 되었다.

"밤중에 전화를 다 하고, 무슨 일인가?"

"찾아뵙지 못해 죄송합니다."

"새삼스럽게 무슨 소리, 나는 편안하니 걱정하지 마시게, 자네 몸만 건강하면 나는 바랄 것 없다네. 아이는 아직 없는가?"

아들이 머뭇거리더니

"아들 하나 있습니다. 며느리와 통화해 보시겠습니까?"

지붕 없는 방

미처 거절하기 전에 전화를 바꾸어 주었다. 여자의 음성이 들려왔다. 아버지, 하는 말까지는 알아들을 수 있었으나 그 후에 말은 알아들을 수 없었다. 한국말이기는 하지만 발음이 정확하지 않아 무슨 말인지 알 수 없었다. 박 노인은 대충 알아들었다는 시늉으로 "응, 그래, 잘 있다네, 그려, 언제 한국 한번 나오시게, 얼굴 한번 봐야지, 길에서 만나면 나도 모르겠지만 자네도 이 시아버지의 얼굴을 모르겠구먼, 정이 들려면 시간이 좀 필요하겠네. 아범 바꾸시게. 오케이."

하고 가만히 있었다. 잠시 후 아들이 전화를 받았다. 박 노인이

"자네 어머니 제사가 이틀 남았으니 오지 못하더라도 앞으로 날짜라도 잊지 마시게."

하자 아들은

"내년 추석에는 한 번 나가도록 노력하겠습니다."하고 대답했다. 박 노인은

"노력하지 마시게, 가까운 이웃도 아니고 먼 타국땅인데 일부러 무리할 필요가 없네."

그러자 아들이 기다리고 있었던 듯 반가운 음성으로 말했다.

"그러겠습니다. 이해해 주셔서 감사합니다. 저 이번에 전화한 것은…"

하고 머뭇거리더니 아이들도 크고 해서 집을 옮기려 하는데 돈이 부족해 그러니 얼마라도 보태주면 몇 개월 후 갚겠노라고 말했다. 박 노인은 '그러면 그렇지 자기가 아쉬워 전화했구먼.'속으로 섭섭했지만

내색하지 않고 알았다고 한 후 전화를 끊었다. 송필 노인이 물었다.

"미국에 있는 아들입니까?"

"그렇다네. 날 보러 한국에 한번 다니러 오겠다는구먼."

"효자네요. 모래면 형수님 기일이지요, 가까이 사는 것도 아니고, 멀리 살면서 기일을 잊지 않고 전화를 하니 기특하지 않습니까?"

"그 뭐…"

박 노인은 어정쩡하게 말을 한 후 한숨을 쉬었다. 송필 노인은 박 노인을 부러워했다. 남의 자식은 타국에 살면서도 기일에 온다고 하는데 가까이 사는 자식 놈들은 일 년에 한 번도 오지 않으면서 돈이나 뜯어가려 하니 그런 놈도 자식인가. 이런 생각을 하며 박 노인과 헤어진 송필 노인이 집에 도착했으나 그날도 아내는 집에 없었다.

빈집은 적막감이 감돌았다. 강아지가 인기척에 반갑게 꼬리를 흔들다가 송필 노인을 보고 실망한 듯 고개를 돌렸다. 이 자식아, 너도 네 주인을 기다리냐? 강아지에게 한마디하고 송필 노인은 방에 누웠다. 잠을 청하려고 했으나 잠이 오지 않았다. 전화기에서 들려오는 남자의 음성이 여전히 귓속을 맴돌고 있었다. 나는 정말 의처증이 생긴 것일까. 송필 노인이 이런 생각을 하고 있는데 문밖에서 발소리가 자작자작 들리더니 문이 열리며 아내의 얼굴이 불쑥 나타났다. 얼굴에 노기가 가득했다.

"아직도 날 의심하는 거야?"

지붕 없는 방

송필 노인은 아내가 마치 자기의 마음 속을 꿰뚫어 보기라도 한 듯이 말하자 당황한 얼굴로 말했다.

"의심은 무슨…."

"괜히 생사람 잡을 생각하지 마."

송필 노인은 자리에서 일어났다. 그때 구급차 소리가 들리더니 집 앞에서 멈추었다.

"무슨 일이야?"

"당신이 병원에 가지 않아 내가 불렀어. 건강 검진을 받아 봐야지. 의처증은 정신병이야. 심하면 곤란해."

"당신이 설마 나를…."

그때 우락부락한 장정 몇이 들것을 가지고 방으로 들어와 팔을 휘젓는 송필 노인을 강제로 들것에 태운 후 구급차에 밀어 넣었다. 완전히 정신병자 취급이다. 반항할 틈도 없었다. 그들은 눈을 번득이며 아내에게 말했다.

"걱정하지 마시오. 곧 진료가 끝나면 연락 드리겠습니다."

"검사를 잘 받으시우."

송필 노인을 태운 구급차는 마을을 빠르게 떠나고 있었다. 구급차가 떠나자 아내는 큰일이라도 한 듯 안도의 숨을 쉬었다. 오늘도 박노인은 탑골공원 뒤 노천 술집에 다시는 나타나지 않을 송필 노인을 기다리며 쓸쓸하게 혼자서 술을 마시고 있었다.

금장시계

순달은 오늘도 통증이 심한 배를 손으로 움켜쥐고 방바닥을 설설 기었다. 팔월 중순, 더위가 극성을 부리고 있는 한낮이었다. 불룩한 배는 시도 때도 없이 숨이 차고 아프다. 나이가 예순을 넘기니 몸 여기저기 아픈 데가 많을 거라고 짐작하고 있었으나 요 며칠간은 통증이 너무 심한 것 같았다. 무쇠로 된 기계도 육십 년 넘게 부려 먹었으면 고장이 나는데 사람의 몸인들 온전할 수 있으랴.

순달은 혼자 살고 있어 몸이 아플 때마다 병원에 갈 생각을 하지 않고 가까운 동네 약국에 가서 진통제를 사 먹는 것이 고작이었다. 오늘도 배에 통증이 심하자 약국에 가서 약사에게

"진통 소염제 하나 주시고 소화제도 하나 주시우"

하고 자기 병은 자기가 다 알고 있다는 듯이 말했다. 약사는 순달의 더부룩한 배를 한참 보고 있더니 걱정스러운 표정으로 말했다.

"무슨 병인지 모르면서 진통제만 드시면 안 됩니다. 그건 병을 키우

지붕 없는 방

는 행위입니다."

하고 오늘은 병원에 가보는 것이 좋겠다고 조심스럽게 말했으나 순달은 듣지 않았다.

"약사 양반은 환자가 달라는 약만 주면 되지 않소?"

하자 약사는 기분이 좋지 않은 듯 얼굴을 붉혔다.

"요즘 환자분들은 자기가 의사인 것처럼 이 약 달라, 저 약 달라고 하는데 의사 처방전 없이는 약을 마음대로 주면 큰일 납니다."

오늘은 약사가 순달의 요구를 일언 지하에 거절했다. 그러자 순달이 항의했다.

"이보슈, 병이란 약을 먹고 아프지 않으면 되는 것 아닙니까? 제 병은 제가 잘 압니다."

"그거야 그렇지요."

"그러니 내가 달라는 약을 주슈."

"오늘은 증세로 보아 병원에 가보시는 것이 어르신에게 좋을 것 같습니다."

순달이 아무리 사정해도 오늘은 약사가 자기 말을 듣지 않을 모양이었다.

"어르신이 걱정되어 드리는 말씀입니다."

"병원이란 원래 없는 병도 만드는 곳입니다. 대단치도 않은 병을 가지고 큰 병처럼 호들갑 떠는 곳이 병원이 아닙니까? 왜 생고생을 사서

합니까?"

순달은 병원을 오래 전부터 불신하고 있었다. 열아홉 살 때 일이었다. 하루는 엉덩이 쪽이 급작스럽게 아프면서 오줌을 눌 수 없었다. 어머니는 오줌소태라며 할머니에게 들었다는 민간요법으로 약이 된다는 여러 가지 풀뿌리를 구해 달여 그 물을 며칠 동안 먹었으나 낫지 않았다. 병이 점점 심해 어쩔 수 없이 읍내 병원으로 기게 되었다. 의사는 안경을 손으로 밀어 올리며 청진기로 순달의 가슴 이곳저곳을 대 보더니 진료실 옆에 침대가 있으니 가서 대기하라고 말했다. 옆에 있던 간호사가 벽쪽에 있는 하얀 커튼을 열자 별도의 작은 진료실이 나오고 그 안에 일인용 침대가 놓여 있었다. 간호사가 순달에게 누우라고 지시했다. 순달이 침대에 눕자 간호사가 이번에는 바지를 벗으라고 말했다.

"여기서요?"

"네."

간호사가 환자에게 옷을 벗으라고 지시한 후 돌아서서 주사기를 약병에 꽂은 다음 빛깔이 없는 액체를 주사기에 빨아드리고 있었다. 순달은 옷을 벗지 않고 우물쭈물하자 간호사가 뒤에 눈이라도 달린 듯다 보고 있다는 듯이 말했다.

"진료받지 않을 거예요?"

순달은 깜짝 놀라 대답했다.

"받아야지요."

지붕 없는 방

"아직 덜 아픈 모양이지요?"

"아픕니다."

"그러면 시키는 대로 하셔야지요."

순달은 어쩔 수 없이 바지를 아래로 내렸다. 항문 쪽에 통증이 점점 심했다. 순달이 얼굴을 붉혔으나 간호사의 얼굴에는 표정이 없었다. 조금 후 의사가 와서 손으로 이곳저곳 찔러 본 후 아침에 내시경 검사를 해야 하니 아침밥을 굶고 일찍 오라고 말했다. 진료는 간단히 끝이 났다. 순달은 그날 링거 주사 한 대 맞고 집에 왔으나 그날 밤 고통이 더 심했다. 병이 차도가 없자 병원을 원망했다. 새벽녘에 긴 고통의 시간이 지나간 후 기적 같은 일이 일어났다. 오줌을 누는데 혈류(血流)가 보였다. 몸 어딘가 곪은 것이 터진 것 같았다. 겁이 났으나 잠시 후 고통이 씻은 듯이 사라졌다. 다음날 의사가 진찰하더니 병이 감쪽같이 사라졌다는 것이다.

순달은 이런 일이 있고부터 병원을 신뢰하지 않았다. 하지만 오늘 약사는 병원에 가서 진료받아 보는 것이 좋겠다고 권하자 순달은 약을 주기 싫으면 그만두라고 말한 후 집으로 돌아왔다. 집에 돌아온 지 얼마되지 않아 순달은 신음을 토하더니 그 자리에 쓰러지고 말았다. 내장이 끊어지는 듯한 통증을 느꼈다.

"나 김순달이여! 사람을 어떻게 보고."

몸이 아플 때마다 병을 이기겠다고 큰소리 뻥뻥 치던 순달이도 오늘은 병이 다른 때와 다르다는 것을 느낄수 있었다. 겁이 덜컥 났다. 이렇게 고집부리다 사람이 죽는구나, 하고 생각하며 순달은 살아야 하겠다는 생각이 들어 급하게 택시를 타고 병원으로 갔다. 낯이 익은 간호사가 웃어 보였다. 의사는 청진기로 가슴, 배 몇 군데를 대 본 후 진료 의뢰서를 써 줄 테니 큰 병원에 가는 것이 좋겠다고 말했다.

"통증이 가라앉는 주사나 한방 놔 주쇼."

순달은 통증만 없어지면 병이 나을 것 같다며 사정했으나 의사는 어이없다는 듯이 말했다.

"의사는 접니다. 큰 병원에 가서 빨리 진료를 받아 보슈."

"죽을병이라도 걸린 겁니까?"

"그걸 알기 위해 큰 병원에 가서 진료하라는 겁니다."

순달은 어쩔 수 없이 큰 병원에 가게 되었다. 요즘 대형 병원은 환자에게 위압감을 줄 만큼 건물이 어마어마하게 크다. 환자에게 건물 크기를 자랑이라도 하려는 것 같았다. 순달은 대형 건물 병원 앞에 서자 죄지은 사람처럼 몸도 마음도 쪼그라들었다. 불안했다. 겁을 먹고 내과 진료실 앞에서 두 시간 기다린 끝에 간호사의 부름을 받았다.

"김순달 님."

"네."

"이쪽으로 오세요."

내과 진료실 앞 의자에서 대기하고 있다가 앞에 들어간 환자가 나오

지붕 없는 방

면 들어가라는 지시를 하고 간호사는 진찰실 안으로 들어가 버렸다. 오 분도 안 되어 진료실에 들어갔던 환자가 고개를 갸웃거리며 못마땅한 표정으로 나와 엠알아이 촬영실을 찾아갔다. 순달이 어깨를 늘어트린 채 겁을 먹고 조심스럽게 진료실로 들어갔다. 순달이 의자에 앉자 의사는 심문하듯 순달에게 몇 마디 아픈 곳을 물어본 후 청진기로 더부룩한 배 몇 군데를 대 보더니

"엠알아이를 촬영해야 합니다."

하고 말했다.

"죽을병이라도 걸렸습니까?"

"그걸 알려고 엠알아이를 찍으라고 하는 겁니다."

"안 찍으면 어떻게 됩니까?"

"병을 고치기 싫으면 어쩔 수 없습니다."

순달이 우물쭈물하자 의사가 이런 환자는 처음이라는 듯 한마디 했다.

"답답하시구먼, 병을 고치기 싫으면 관두쇼."

"언제 싫다고 했습니까? 병이 있으면 고쳐야지요."

"그럼 엠알아이를 찍으시오."

순달은 큰 병원에서는 환자를 무조건 죄인 취급하는 의사의 고압적인 태도가 불만스러웠다. 대형병원은 기다리는 시간이 긴데 비해 진료 시간은 고작 오 분도 되지 않았다. 환자가 많으니 그럴 수밖에 없을 거

라고 생각하면서도 기분이 좋지 않았다. 돈이 있는 사람들은 별것 아닌 병 가지고도 큰 병원을 찾는다. 작은 병원보다 큰 병원의 의사들을 더 신뢰할 수 있기 때문이란다. 그러니 작은 병원은 환자가 없어 울상인데 대형 병원은 환자들이 넘쳐나서 울상이다. 의사는 순달에게 어떤 말을 해도 통하지 않을 것 같다고 판단했는지 보호자를 찾았다. 의사가 보호자를 찾을 때는 환자가 중병일 때가 많다.

"보호자가 어디 있습니까?"

"없습니다."

순달은 독거노인이다.

"보호자를 데려오시오."

의사는 더 말하지 않고 다음 환자를 불러들였다. 순달은 진료실을 나서며 난감했다. 그동안 까맣게 잊고 살았던 가족이 생각났다. 지나간 세월이 파노라마처럼 스쳐 갔다. 인생을 잘못 살았다는 생각이 들며 이혼한 아내 금옥이 생각났다. 이혼하자 핏줄이라고 믿었던 자식들마저 아내를 따라갔다. 뼈가 부서지도록 힘들게 돈을 벌어 가르친 자식들에게 배신감을 느꼈다. 순달은 병원 문을 나서며 하늘을 보았다. 하늘에 떠도는 구름이 갈 곳을 잃고 이리자리 떠도는 모습이 자기 신세 같아 불쌍하게 보였다. 아내 금옥은 읍내 자애병원 간호사였다. 순달이 면사무소에 근무할 때 감기를 치료하기 위해 병원에 갔다가 간호사였던 금옥이와 재회하게 되었다. 세 번 째 만남이었다. 순달은 하늘이 맺어준 인연이라고 생각하고 몇 개월 고민하다가 사랑을 고백했다. 금옥이도 순달이의 사랑을 순순히 받아 주었다. 공무원에 고집불통인 순달이도 사랑을 알고부터 세상이 달라져 보였다. 큰길가에 서 있는 은행나무 가로수도 자기를 위해서 있는 것 같고, 듣기 싫은 까마귀 소리도 아름다운 노래 소리로 들렸다. 밤하늘에 쟁반 같은 둥근달이 떠오르고 산 위로 별이 총총 박혀 있는 밤이면 순달은 금옥이의 손을 잡고 천년만년 살자고 달님에게 맹세했다. 순달은 결혼하면 손에 물 한방울도 묻히지 않도록 하겠다고 약속했다. 금옥이도 순달에게 한가지 소원이 있다고 말했다.

"말해 보시오."

"결혼 후에도 병원에서 일하고 싶어요."

"그렇게 하시지요."

"나중에 다른 소리 하기 없기예요."

"알았소."

들에 누렇게 곡식이 익어가고 산에는 붉게 단풍이 물들어 가는 결실의 계절에 마을에 경사가 났다. 순달이와 금옥이의 결혼식이 있는 날이었다. 결혼식은 읍내 오송예식장에서 일가친척과 직장 동료들이 치켜보는 가운데 성대하게 치러졌다. 이날 주례를 맡은 오양우 군수는 주례사를 통해 앞으로 어떤 어려움이 찾아와도 꿋꿋하게 이겨나가며 검은 머리가 파뿌리 되도록 잘 살 것을 당부했다. 두 사람은 그 약속을 지킬 것을 일가친척과 직장 동료들이 지켜보는 가운데 굳게 맹서했다. 약속의 징표로 순달은 금옥에게 금반지를, 금옥은 순달에게 금장시계를 채워 주었다. 그 약속이 잘 지켜지는 듯했다.

그동안 아들 하나 딸 둘을 낳아 모두 성인이 되어 직장을 찾아 떠났다. 그러는 사이 두 사람 머리에도 희끗희끗 서리가 내렸다. 자식들이 집을 떠나자 둘만이 남게 되었다. 순달이 내외는 이제 고생 끝이고 행복 시작이라고 생각했다. 그러나 한 치 앞을 내다 볼 수 없는 것이 사람의 운명이다. 그동안 바쁘게 사느라 서로 몰랐던 본심이 둘만 있게 되자 나타나기 시작했다. 아주 사소한 문제로 의견 충돌이 자주 일어났다. 하루는 티브이 프로를 가지고 서로 원하는 프로를 보겠다고 신경전을 벌이다 끝내 싸움으로 번졌다. 금옥이 말했다.

"오늘 저녁은 '이층집 여자'를 볼 거야, 이층집 여자가 남편이 출장 간 사이 내연남을 집으로 불러들여 무슨 짓을 할 모양이야. 가정주부가 그게 말이나 돼? 당신도 그런 걸 좀 봐. 세상이 어쩌다 이렇게까지 타락했는지 알 거야."

순달이도 양보할 기미가 없어 보였다.

"삼류 통속소설 같은 연속극은 지겹지도 않아? 국민을 상대로 하는 연속극이 교양이 있어야지, 맨날 외간 남자와 불륜이나 저지르고, 그런 것이 인생에 무슨 도움이 된다고 방송해. 전력 낭비야."

금옥이가 발끈했다.

"다 늙어서 교양은 무슨, 정치 이야기는 이제 신물 나. 맨날 서로 싸우고 물어뜯기나 하고, 티브이를 보고 있으면 머리가 산란해진다니까."

금옥이도 양보하지 않았다. 순달이가 말싸움에 밀리자 엉뚱한 것을 들고나왔다.

"나는 이 집의 가장일세."

"얼씨구, 이런 일에 가장까지? 티브이 하나 더 들여와야지."

"둘이 살면서 하나면 됐지, 여자도 시사프로를 봐야 세상이 어떻게 돌아가는지 알아야지."

"국회의원이라도 나갈 거야? 당신이 나라 걱정하지 않아도 나라는 잘 돌아가고 있어."

"이 마누라가!"

순달은 말로 금옥이를 당할 재주가 없자 이번에는 또 다른 문제를 들고 나왔다.

"당신 고집은 젊었을 때나 지금이나 변함이 없는 것 같구먼, 이런 말까지 하고 싶지 않았는데 말씀이야, 시집와서 나와 상의 한마디 없이 친정에 돈을 빼돌린 사실을 알고 나는 실망했어, 여자는 출가외인 이라고 했어."

금옥이 깜짝 놀랐다.

"이 인간이…."

불똥이 엉뚱한 곳으로 튀자 사태가 점점 심각해졌다. 금옥이는 충격을 받은 듯 한참 동안 순달을 노려보았다. 자존심이 상한 듯 이 남자가 평생 몸을 바쳐 사랑해 온 남편이 맞는지 의심하게 되었다. 억울하고 분한 생각도 들었다. 발끈 성을 냈다.

"돈 빼돌리는 거 봤어?"

"처갓집 동네 사람이 나한테 일러바치더구먼."

금옥이는 남편의 마음속에 이런 응어리가 숨어 있다는 사실을 발견하고 몸을 떨었다. 모든 사실을 알면서도 감쪽같이 숨겨 온 것이 더 미웠다. 금옥이는 이 일을 죽을 때까지 비밀로 하고 싶었다. 아이엠에프 시절 친정 부모가 하던 사업이 부도를 맞아 거리에 나 앉게 되었다는 이야기를 듣고 딸이 되어 가만히 있을 수 없어 가지고 있던 비상금을 털어 보태준 적이 있었다. 그 돈 덕분에 길에 나앉게 될 뻔한 친정집은 거리로 쫓겨나는 신세를 면하게 되었다. 다행히 하던 사업이 회복되어 다음 해 이자까지 쳐서 돈을 돌려받았다. 남편 모르게 한 일이어서 끝까지 비밀로 하기로 했는데 순달이는 이 사실을 알고 있었던 모양이었다. 순달이는 이번에 기회라도 잡은 듯이 큰소리쳤다. 한 이불 속에서 몸을 섞으면서 자는 부부라도 돈 관계는 정확해야 한다는 둥, 부부는 무엇보다 신뢰가 중요하다는 둥 여러 가지 이야기를 교훈적으로 늘어놓자 금옥이는 지금까지 모든 사실을 알면서도 모른 척한 남편이 더 원망스러웠다.

"모든 것을 알고 있으면서 지금까지 숨겼다는 거 아냐?"

"그랬지, 아무리 좋은 일을 했다고 해도 남편 모르게 한 일은 나쁜 거야."

"숨기려 했던 것은 아니었어. 돈 문제여서 말하기 싫었을 뿐이야. 그리고 딸이 되어 친정이 어려울 때 도운 것이 뭐가 문제야. 나는 친정집에서 다시 그런 일이 있으면 도울 거야. 지금 그 이야기를 꺼내서 어쩌겠다는 건데?"

순달이는 괜한 이야기를 꺼내 부스럼을 만들었구나, 하고 후회했지만 엎어진 물이었다. 돈은 수간호사였던 금옥이가 말단 공무원인 순달이보다 더 많이 벌었다. 순달은 비리나 부정행위 같은 것은 못 봐주는 강직한 성미여서 아무리 가족이라도 돈거래는 확실하게 해야 한다는 주장을 끝까지 폈다. 금옥이는 더 참을 수 없었다.

"그 문제로 이혼이라도 하겠다는 거야?"

"금전 거래는 누구든 확실하게 해야 한다는 뜻으로 말했을 뿐이야."

"잘못했으니 지금이라도 이혼하자는 거 아냐?"

"그런 뜻이 아니라니까."

순달이 아무리 변명해도 소용이 없었다. 마음에 상처를 한번 입은 금옥이의 화는 어떤 말을 해도 풀어지지 않았다. 순달이는 대수롭지 않게 한 말이 이렇게까지 확대되리라고는 생각하지 못했다. 이윽고 금옥이는 참을 수 없다며 별거라는 카드를 꺼내 들었다.

"오늘부터 우리는 남남이야."

"뭐 남이라고, 꼭 이렇게 해야 돼?"

"원하는 쪽은 당신이야."

그러자 순달이도 체면이 있어 물러서지 않았다.

"그렇다면 나도 어쩔 수 없네. 마음대로 해."

어느 쪽도 자존심 때문에 고집을 꺾지 못하자 두 사람은 그날부터 별거에 들어갔다. 순달이는 위층에서, 금옥이는 아래층에 거처하게 되었다. 한 집에 두 집 살림을 차리게 된 셈이다. 순달은 뼈가 부서지도록 가족을 위해 열심히 일하며 쌓아온 공든 탑이 모래성처럼 무너지는 소리가 들렸다. 금옥이도 마찬가지 심정이었다. 남편을 위해서 평생 희생한 것이 허무하게 느껴졌다.

몇 개월 후 두 사람은 더 참지 못하고 법정까지 가게 되었다. 여자 쪽이 참을 성이 더 부족했던 모양이었다. 금옥이가 견디지 못하고 먼저 이혼소송을 법원에 제기했다. 법원에서는 합의할 것을 중재했지만 어느 쪽도 고집을 꺾지 않았다. 끝내 두 사람은 자존심 때문에 평생 쌓아온 공든 탑을 스스로 무너뜨리고 말았다. 한 순간에 남남이 된 것이다. 서로 사랑하며 검은 머리가 파뿌리 되도록 열심히 잘 살라고 부탁한 주례사의 당부가 허사가 되고 말았다. 인생 말년에 황혼 이혼을 하게 되었다.

이혼 후 금옥이는 친정으로 가게 되었으나 얼마 후 친정집에서 나와 따로 살림을 차렸다는 소식을 전해 들었을뿐 그 후 소식은 알 수 없었다. 아내를 따라간 자식들도 지금까지 아무 소식이 없었다. 이렇게 해서 순달은 독거노인이 되고 말았다. 얼마 후 친구들이 순달에게

지붕 없는 방

재혼을 권했으나 순달은 거절했다.

"이 나이에 재혼은 무슨. 혼자 살다가 갈라네."

이런 일이 어찌 순달이뿐이겠는가. 요즘은 이런저런 이유로 가족이 해체되어 독거노인이 늘어나고 있다. 순달이는 며칠 후 의사의 지시대로 엠알아이를 촬영했다. 검사 결과가 나왔다. 보호자가 없으니 순달이 순해졌다.

"저는 독거노인이오. 무슨 병인지 내게 말해 주슈."

독거노인이라는 말에 의사도 어쩔 수 없었다.

"간암 4기입니다. 복수가 차서 숨이 차고 또……."

순달이는 충격적인 이야기를 듣고도 남의 이야기를 하듯 덤덤하게 물었다.

"간암 4기라면 남은 생이 얼마나 되는지 말해 주슈, 내가 알아야 인간 세상의 일을 정리할 것 아닙니까?"

의사는 잠시 주저했으나 본인의 뜻이 그러하니 어쩔 수 없다는 듯이 말했다.

"급성이라서 빨리 치료해야 하는데 너무 늦어 수술도 어렵고, 의사는 신(神)이 아닙니다."

"얼마 남지 않았다는 이야기로 들립니다."

"하느님만 알 수 있겠지요."

순달이는 올 것이 왔다고 생각했다. 세상일을 정리할 시간을 주신 하느님께 감사했다. 병원에 입원하기 하루 전 변호사 입회하에 좋은 일에 쓰라며 가지고 있던 십억 원의 재산 전부를 사회에 기부했다. 돈을 정리하고 나니 무거운 짐을 내려놓은 듯 홀가분했다. 이제는 가벼운 마음으로 먼 길을 떠날 수 있게 되었다며 순달이는 안도의 숨을 쉬었다. 입원한 지 몇 달 후 순달이는 임종을 맞이하게 되었다. 간호사에게 부탁했다.

"하늘이 잘 보이게 커튼 좀 열어 주슈."

병실 창문 커튼을 열자 넓은 하늘에 수없이 많은 별들이 반짝거리고 있었다. 자연의 아름다움을 이제야 깨달은 듯 감탄하며 순달이는 간호사에게 낮은 목소리로 말했다.

"나는 저 반짝이는 별이 되고 싶소."

순달이 바라보는 곳에 북극성이 다른 별보다 유난히 반짝이고 있었다. 간호사가 말했다.

"좋은 일을 하셨으니 하느님이 소원을 들어주실겁니다."

"정말 그럴 수 있겠소?"

"하느님께서는 무엇이나 다 아시는 분이시니 반드시 그 소원을 이루어 드릴 겁니다."

"고맙소."

간호사가 말했다.

"이제는 아드님에게 연락하셔야지요."

"그만두쇼. 어미가 좋다고 따라간 자식들이오."

그날 밤 순달이는 고통 속에서 몸을 몇 번 떨더니 숨을 몰아쉰 후 눈을 감았다. 생명의 끝을 알리는 기계음 소리가 침묵 속에 길게 울렸다. 간호사는 순달이의 몸에 거미줄처럼 매달려 있던 줄을 조심스럽게 거뒀다. 천장에 매달린 희뿌연 형광등만이 이들의 움직임을 주시하고 있었다.

이틀 후 검은 선글라스를 낀 남자가 병원을 급히 찾았다. 뒤이어 중년 여자 둘이 찾아왔다. 오랜만에 서로 만나는 듯 간단하게 인사를 나눈 후 선글라스 남자는 병원 사무실 직원에게 순달이의 유품을 찾았다.

"남긴 유품은 없습니까?"

"자제분이세요?"

사무실 직원이 물었다.

"그렇습니다."

"그러잖아도 보호자가 없어 장례를 걱정하고 있었습니다. 무연고분은 병원에서 삼 개월 모셨다가 그때까지도 가족들이 나타나지 않으면 장례를 치릅니다. 잘 오셨습니다. 유품은 여기 있습니다."

직원이 내어 준 것은 결혼할 때 금옥이 결혼의 징표로 순달이에게 채워 준 금장시계였다. 주인을 잃은 시계는 오래전에 멈춘 듯했다.

"이게 전부입니까?"

선글라스 남자가 물었다.

"그렇습니다. 재산은 변호사 입회하에 사회 기부한 것으로 알고 있습니다. 변호사에게 알아보시지요."

"흥, 마지막까지 우리는 가족이 아니었군."

그날 순달이는 모란공원 연화장에서 한 줌의 재로 변해 한 평도 안 되는 땅에 안장되었다. 손바닥만 한 팻말이 순달의 무덤이라는 것을 알려 주고 있을 뿐이었다. 장례식이 끝나자 자식들은 서로 모르는 사람처럼 뿔뿔이 흩어져 바쁘게 자기들의 처소로 돌아갔다. 이들이 떠난 묘에는 한 줄기의 무심한 바람만 스치고 지나갔다.

지붕 없는 방

은행나무 아래서

봄이다. 산과 들에는 온갖 꽃들이 만개했다. 산들바람이 불어오자 팔복이의 마음이 싱숭생숭하는지 거울 앞에서 옷매무새를 요리조리 뜯어보더니 팔을 활짝 벌리고 한 바퀴 휘둘러 보았다. 날렵하지도 못한 몸이 비틀거렸다. 농사일을 오래 한 탓으로 몸에 균형이 제대로 잡히지 않아 등이 굽고 허리통이 굵었다. 그래도 팔복이는 만족한 듯 거울을 향해 픽 웃어 보았다. 이 모양을 옆에서 우두커니 보고 있던 여주댁은 눈꼴 사나운지 한마디 했다.

"어디로 가려고?"

"남자가 하는 일에 여자가 나서지 말게."

"그 나이에 선이라도 보러 가는 것 같구먼."

"선은 무슨."

팔복이가 어깨에 힘을 주며 우쭐했다. 여주댁은 남편이 오늘도 몸을 가꾸는 것으로 보아 한동안 잠잠하던 바람기가 또 발동한 모양이라고 생각했다. 팔복이의 바람기는 해마다 봄바람이 살랑거리면 잊지 않고 찾아왔다. 여자가 봄을 탄다는데 이 집은 그 반대로 남자가 봄을 타는 것 같았다. 여주댁은 농사일이 바빠 봄이 와도 꽃이 언제 피었다가 언제 지는지 알 수 없었다.

봄이 오면 오봉마을은 씨앗을 뿌리랴, 밭에 두엄을 내랴, 배추 모종을 하랴 정신이 없을 정도로 바쁘다. 고산 지대여서 봄이 짧아 봄이 왔는가 싶으면 산에 나무가 하루가 다르게 푸르름을 더해갔다. 특히 오봉마을의 봄은 평지의 봄과 격차가 더욱 심했다. 단오(端午)를 앞둔 절기면 나무들이 겨우 새순이 파릇파릇 돋을 테지만 요즘은 여름처럼 푸르렀다. 기후 변화로 봄이 짧아지고 여름이 빨리 오고 있다는 증거다. 그러니 오봉마을 농사일은 더욱 바쁘게 서둘러야 한다.

팔복이는 농사일을 할 생각을 하지 않고 오늘도 한껏 멋을 부리며 읍내로 나갈 준비를 서두르고 있다. 특별히 좋은 일이라도 있는지 휘파람을 불고 콧노래까지 부른다. 이 모습을 보고 있는 여주댁은 가슴에서 천불이 났다.

오봉마을은 농사일도 평지보다 더 빨리 시작해야 하고 가을걷이도 더 빨라야 한다. 봄이면 밭에 두엄도 일찍 내야 하고 파종도 일찍 해야 하지만 팔복이는 농사일에 관심이 없어 보였다. 농사일밖에 모르는 팔복이가 이렇게 변하게 된 것은 돈이 생기면서부터였다. 돈이 사람을 망쳐놓았다.

팔복이는 하루가 멀다고 읍내로 쫓아다녔다. 여주댁은 이런 팔복을 보고 있으면 차라리 돈이 없던 시절이 훨씬 행복했다고 회상했다. 돈이 없을 때는 아무리 농사일이 힘이 들어도 부부 사이가 좋았는데 지금은 달라졌다. 팔복이가 외출을 서두르자 여주댁이 한마디 했다.

"봄이 오더니 허파에 바람이 들어간 모양이구먼."

"어떤가, 이만하면 보기 좋은가?"

팔복은 여주댁의 마음을 긁어 놓으려는 듯 능청을 부렸다.

"보기 좋기는 개뿔, 그리고 내가 이 집에 머슴이야, 왜 나만 죽어라 하고 일만 시키는데?"

여주댁이 화를 내도 팔복이는 못 들은 척 엉뚱한 소리만 했다.

"나는 예전의 가난뱅이 팔복이가 아닐세."

"얼씨구 예전의 팔복이가 아니면 누구슈?"

"우리도 부자라네, 자네도 이제는 뼈가 부서지게 일할 필요 없네."

"뱁새가 황새걸음 흉내 내다 가랑이 찢어지는 거 모르는가."

"내가 뱁새라도 된다는 거야?"

"내 눈에는 그렇게 보이는구먼."

"사람을 뭘루 보고....."

오늘은 여주댁이 무슨 소리를 해도 팔복이의 외출을 막을 수 없을 것 같았다. 드디어 몸단장을 끝낸 팔복이가 집을 나섰다. 여주댁이 어디로 가느냐고 따져도 대답해 주지 않았다.

"자네는 일을 좋아하니 간섭하지 말고 열심히 일이나 하시게."

그러자 여주댁이 팔복이의 뒷통수에 대고 한마디 했다.

"괜히 바람 피우다 아이들 얼굴에 똥칠이나 하지 마슈."

여주댁의 말에 팔복이가 가던 걸음을 멈추고 눈을 부릅떴다. 가슴에 찔리는 것이 있는 모양이었다.

"나를 바람둥이로 보는구먼."

"그럼 아냐?"

"생사람 잡지 마시게."

"나잇값을 하슈."

팔복이의 나이 올해로 예순다섯이다. 예순다섯이면 나라에서 노인으로 인정하여 노령연금을 지급 받는다. 나라에서 노인으로 인정받으면 지하철은 물론, 나라에서 운영하는 어떤 곳도 공짜거나 할인가격으로 이용할 수 있다. 하지만 나쁜 점도 있다. 예순다섯이라도 노인정에 가면 막내로 취급하여 어른들의 담배 심부름하는 신세다. 그래서 노인 나이를 일흔으로 올려야 한다는 목소리가 높다.

팔복이는 나라에서 주는 노령연금을 받으면서도 여주댁이 노인이라고 하면 듣기 싫어했다. 여주댁이 일부러 노인이라고 말하면 팔복이는 "이 사람아 나는 지금도 청춘이라네."하고 화를 냈다. 여주댁은 어이가 없어했다.

"다른 사람들은 그 나이 먹으면 바람이 잦아진다는데 당신은 그 반대니 한심해서 하는 소리유, 제발 철 좀 드슈."

"말 조심하시게, 화가 날라고 하는 구면."

하고 주먹을 불끈 쥐었다. 팔복이는 여주댁과 결혼하면서 처음부터 여자는 기를 꺾거 놔야 한다며 사소한 일에도 주먹을 휘둘렀다. 겁을 주어 처음부터 남편에게 반항을 못하게 하려는 속셈이었지만 이게 버릇이 되어 자주 주먹질을 했다. 나이를 먹으면 성질이 죽는다는데 팔복이는 나이를 먹어도 성질이 죽지 않았다. 한번은 여주댁이 팔복이가 바람피운다는 소문을 듣고 정신 차리라고 훈계했다가 사정없이 주먹을 휘두르는 바람에 갈비뼈에 금이 가 병원에 입원한 적이 있었다. 이후 여주댁은 팔복이를 조심스럽게 대했으나 지금은 아니다. 팔복이가 여주댁을 혼을 내려고 주먹을 쥐어 보였으나 여주댁은 겁을 먹지 않았다.

"그러다 사람 치겠구면."

"화가 나네, 하지만 오늘은 참기로 하겠네."

팔복이가 최근 들어 마음이 순해진 것은 돈이 생긴 후부터였다. 어쩌다 여주댁이 팔복이의 마음을 긁어도 예전처럼 주먹을 휘두르지 않았다. 돈이 생기면서 아내의 기를 꺾어놓겠다던 나쁜 생각도 없어진 것 같았다.

"사람이 변하면 일찍 죽는다는데."

여주댁이 빈정대도

"인명은 재천일세. 좋을 대로 생각하시게."

하고 거드름까지 부렸다. 여주댁은 팔복이의 바람이 공무원인 자식들에게 피해가 가지 않을까 걱정하고 있었다. 자식들이 근무하는 직장에 행여라도 아버지가 바람이 났다는 민원이 들어가면 자식들의 출세길이 막히지 않을까 걱정이 앞섰다. 여주댁은 팔복이에게 경고했다.

"몸 조심하슈, 늙은 나이에 바람피우다 패가망신한 집안이 한둘이 아니더구먼."

"나를 그런 막 돼 먹은 인간으로 보지 말게."

"아니라고?"

"나는 아닐세."

여주댁은 마치 벽을 보고 이야기하는 것 같았다. 자기가 바람 피운다는 사실을 인정하지 않았다. 오늘은 무슨 말을 해도 소용이 없을 것 같았다. 여주댁은 마음속으로 봄 같은 계절은 없었으면 좋겠다고 생각했다. 바람피우는 것도 대물림하는 것 같았다. 팔복이의 아버지도 바람을 피웠고 그 위의 할아버지도 바람을 피우다 안골 문전옥답 수천 평을 술집 여자 치마폭으로 다 들어갔다는 소문이 전설처럼 전해 오고 있다. 여주댁이 시집올 때는 집안이 찢어지게 가난했다.

팔복이 부부는 먹고살기 위해 돌산을 개간하고 농토를 넓히는 등 죽기 살기로 일을 했다. 바쁜 중에도 팔복이는 아들 둘을 만들어 큰 아들은 공무원 시험에 합격하여 면사무소에 근무하고 있고, 둘째는 교육대학을 졸업한 후 오봉마을 초등학교 분교 선생님으로 근무하고 있다. 오봉마을에 두 아들이 공무원인 집안은 팔복이의 집뿐이었다.

오봉마을에서는 개천에서 용이 난 집안이라고 모두 부러워했다.

그랬던 팔복이가 이제 살만해지자 몸속에 숨어 있던 바람기가 꿈틀대기 시작한 것이다. 여주댁은 봄철만 되면 가슴이 벌렁거리고 마음이 조마조마했다. 봄같은 계절은 처음부터 없었으면 했다. 팔복이의 바람 때문이었다. 바람을 피우지 않을 때는 주머니에 돈이 떨어졌을 때 뿐이었다. 자식들을 생각해서 정신 차리라고 여러 차례 타일러도 소 귀에 경 읽기였다. 이럴 때마다 팔복이는 짧은 인생이니 돈이 있을 때 하고 싶은 일을 하면서 살겠다는 것이다. 여주댁의 만류에도 팔복이의 마음은 매일 읍내 술집에 가 있었다.

오봉마을은 고산 지대여서 감자, 옥수수, 메밀이 주 생산품이었다. 오봉마을이 주목받기 시작한 것은 고랭지 채소 때문이었다. 고랭지 채소는 평지에서 자라는 김장과 달리 부드러우며 아삭하고 고소하며 맛이 좋았다. 오봉마을의 채소가 맛이 좋다는 입소문이 퍼진 후 어느 날 검은색 승용차 한 대가 오봉마을로 들어섰다. 승용차는 마을 입구에서 멈추더니 선글라스를 낀 남자가 차에서 내려와 오봉마을을 살펴보았다. 사방을 이리저리 훑어보던 선글라스 남자가 밭에서 일하고 있는 팔복이를 발견하고 말을 건넸다.

"이 동네에 사시오?"

팔복이는 굽혔던 허리를 폈다.

"왜 그러슈?"

"물어볼 말이 있습니다."

"물어보슈."

"공기가 좋습니다."

"고산 지대니 당연하지요."

선글라스 남자는 사방을 한참 훑어본 후 팔복이에게 제안했다.

"술이나 한잔하시지요."

팔복이는 낯선 사람이 술을 먹자고 하자 어리둥절했다. 알지도 못하는 사람이 무슨 연유로 술을 하자는 것인지 의심하면서도 내심 반갑기도 했다.

"무슨 일이시오?"

"그냥 형씨와 술을 하고 싶어서 그럽니다. 상의할 것도 있고 해서요."

"술을 마시려면 좀 걸어야 하는데, 여기는 외진 산골이라 버스 정거장이 있는 곳까지 가야 합니다."

마을버스가 두 시간에 한 번씩 다니고 있었다.

"좋습니다."

버스 정거장은 여기서 산 비탈길을 따라 아래쪽으로 삼백 미터쯤 떨어진 곳에 있었다.

"앞장서시오."

팔복이는 새참 때가 되어 술 생각이 간절하던 차에 잘 되었다고 생각하고 "그럽시다." 하고 찬성한 후 앞서 걸어갔다. 그 뒤를 선글러스 남자가 따라갔다. 두 사람은 울창한 나무 숲길도 지나고 구불거리는 산길도 지나갔다. 산 아래로 내려가자 길 오른쪽으로 오래된 버드나무 한 그루가 서 있고 그 아래 버스 정거장이 있었다. 바로 옆에 낡고 허름한 가옥이 있고 한쪽 옆에 작은 구멍가게가 있었다. 구석진 곳에 간이 쉼터를 만들어 놓았다. 라면이나 김밥 같은 간단한 음식을 팔고 소주와 막걸리도 팔았다. 허리 굽은 할머니가 주인이었다. 아들이 둘 있었으나 도시로 나가고 지금은 할머니 혼자서 집을 지키고 있다는 것이다. 할아버지는 삼 년 전에 다른 세상으로 갔다며 할머니는 비록 볼품 없는 집이지만 떠나지 못하는 이유가 기일에 할아버지 영혼이 찾아올지 모르기 때문이라고 말했다. 할아버지가 손수 이 집을 짓고 이 집에서 살다가 이 집에서 돌아가셨다는 것이다. 할머니도 세상을 떠날 때까지 이 집에서 살기로 했다는 것이다. 아들이 도시에 나가 함께 살자고 여러 번 권했으나 거절했다. 할머니는 팔복이를 반갑게 맞이했다.

"농사일이 바쁠 텐데 어쩐 일이신가?"

"막걸리 한 병 주슈."

선글라스 남자와 팔복이는 낡아서 삐걱거리는 나무 의자에 앉았다. 할머니가 막걸리와 간단한 두부김치 안주를 챙겨 주고 방으로 들어갔다. 술잔이 몇 순배 돌았다. 맑았던 하늘이 흐려졌다. 오봉마을 산아래 물을 가둔 저수지에서 안개가 연기처럼 산 정상을 향해 스멀스멀

피어오르는 모습이 보였다. 소나기라도 금세 내릴 것 같았다. 고산지대 날씨는 변덕이 심하다. 흐렸던 날씨가 금세 맑아지는가 하면 또 안개가 산허리를 휘감아 돌다가 산 위로 올라가며 비를 뿌리기도 했다. 산 아래 저수지가 생기면서 날씨는 더욱 변덕스러웠다. 어떤 날은 저수지에서 뿌연 안개가 연기처럼 피어오르는 모습이 금세 용이라도 나타나 하늘에 오를 듯한 장관을 연출하기도 했다. 겨울에는 호숫가 나뭇가지에 하얗게 어름 꽃이 피어 색다른 경치를 연출하기도 했다.

선글라스 남자는 술 몇 잔 비우더니 명함을 내밀었다. 서울 가락시장에서 채소 도매상을 하는 강철수 대표라고 적혀 있었다.

"제 이름은 팔복이오. 사장님께서 어쩐 일로 이런 산골까지 오셨소?"

선글라스 남자는 잔을 홀짝 비운 후 팔복에게 잔을 건네주며 물었다.

"밭이 몇 평이나 되시오?"

"밭 평수는 왜요?"

"돈 벌 방법을 알려 주려고 그럽니다."

"이런 산골에서 어떻게 돈을 번다는 건지 모르지만 뜬구름 잡기요. 고산 지대에서는 아무리 애를 써도 돈을 버는 방법은 없소."

"몰라서 그렇지 돈을 벌 수 있는 방법은 얼마든지 있소."

팔복이는 이런 깊은 산골에서 돈을 벌겠다는 것은 꿈같은 일이라고 몇 번이고 말했다. 재수가 좋아 백 년 된 산삼이라도 캔다면 모르거니와 그런 횡재수가 아무에게나 오는 것은 아니라고 말했다. 착한 일을 해야 하는데 자기는 그만큼 착하지 않다고 말하자 선글라스 남자는 비죽 웃으며 장담했다.

"돈 버는 방법이 있소. 지금부터 그 비법을 알려 드리지요."

"믿어지지 않소."

"믿어 보슈."

선글라스 남자는 어깨를 으쓱했다. 팔복이는 선글라스 남자가 이곳 사정을 모르고 하는 소리라고 생각했다. 오래전부터 오봉마을도 이농(離農)으로 인해 빈집이 늘어나고 농사짓지 않는 땅에는 잡초만 무성하게 자라고 있었다. 예전에는 농토가 없어 농사를 짓지 못했으나 지금은 사람이 없어 농사를 짓지 못하는 형편이다. 이런 판국에 무슨 재주로 깊은 산골에서 돈을 벌게 해주겠다는 것인지 알 수 없었다. 팔복이는 죽었다가 깨어나도 그럴 일은 없을 거라며 선글라스 남자를 바라보았다. 선글라스 남자는 여전히 뜬구름 잡을 생각을 하고 있다고 생각했다. 팔복이는 술을 여러 잔 마신 탓으로 취기가 올라 얼굴이 벌겋다. 팔복이는 영양가 없는 소리를 더 들을 필요가 없다는 듯 자리에서 일어나려고 했다.

"하던 일이 있으니 나는 가봐야 하겠소."

"성미가 급하시구먼."

하며 선글라스 남자는 들고 온 손가방을 열어 보였다. 순간 팔복이의 눈이 휘둥그레졌다. 만 원짜리 지폐가 가방에 가득 들어 있었다. 팔복이는 지금껏 이렇게 많은 돈을 구경하지 못했다. 선글라스 남자는 진지한 표정으로 말했다.

"고랭지 채소 농사를 잘 짓겠다고 약조하시면 이 돈을 드리겠소. 밭은 일 년 도지로 계약하겠소."

"그 돈을 다⋯."

"물론이오. 계약금으로 미리 드린다는 이야기입니다."

순간 팔복이는 돈을 보자 눈이 뒤집혔다. 농사를 짓는 데 이골이 난 사람이니 그까짓 채소 농사는 누워서 떡 먹기라고 말한 후 아무 걱정하지 말라는 듯 그렇게만 해 주시면 채소 농사를 열심히 하겠다고 다짐했다.

"걱정하지 마슈, 채소 농사라면 내가 도사요."

"허허허 잘 되었습니다."

팔복이는 오봉마을에서 죽을 때까지 농사를 짓는다고 해도 이런 큰돈을 만진다는 것은 꿈같은 일이었다. 더구나 일 년 농사를 지을 밭을 도지로 사주겠다니 농사가 안 된다고 해도 손해 볼 일이 없다. 이만한 횡재가 어디 있겠는가. 팔복이는 꿈을 꾸고 있는 것 같았다.

"당장 계약하겠소. 밭일은 걱정 붙들어 매슈."

"그럼 밭에 고랭지 채소를 다 심으시오."

"그러지요."

그동안 팔복이는 채소 농사를 지었다가 밭에서 수확도 해 보지 못하고 갈아엎은 적이 한두 번이 아니었다. 잘 팔리면 너도나도 채소를 심어

과잉생산 되어 가격이 폭락하여 품삯은 고사하고 씨앗 값도 건지지 못하는 때가 있었다. 애써 가꾼 배추나 무를 밭에서 갈아엎을 때는 자식을 죽이는 것 같아 애간장이 녹았다. 그러나 도지 값을 미리 받고 농사를 짓는다면 안 돼도 손해 볼 일이 없으니 걱정할 필요가 없다. 선글라스 남자가 무슨 생각으로 그 많은 돈을 들여 밭에 채소 농사를 지으라고 하는지 알 수 없으나 그건 선글라스 남자가 알아서 할 문제이고 팔복이는 돈만 받고 시키는 대로 채소 농사만 지으면 되는 일이다. 팔고 못 파는 것은 선글라스 남자가 알아서 할 일이다. 선글라스 남자는 팔복이가 무엇을 걱정하고 있는지 잘 알고 있다는 듯 다시 한번 다짐을 받아두었다.

"도지 값을 지불했으니 채소 농사를 책임지고 잘 지어야 합니다."

"염려 놓으시오."

그해부터 팔복이의 옥수수밭과 감자밭은 고랭지 채소밭으로 바뀌었다. 운이 좋아 첫해는 비까지 적당히 내려주어 채소 농사가 풍년이었다. 평생 처음 팔복이에게 돈복이 터졌다. 이후 오봉마을의 고랭지 채소가 입소문을 타면서 서울의 농산물 도매상들이 오봉마을에 상주하는 일까지 생겼다. 마을 풍경도 하루가 다르게 변했다. 경치 좋은 곳에 모텔이 지어지고 모텔 지하에 노래방까지 생겼다. 오봉마을이 하루아침에 천지개벽(天地開闢)을 한 것이다.

그러나 호사다마란 말이 있다. 팔복이는 돈방석에 앉게 되자 마음이 변했다. 가난하고 못살던 시절을 까맣게 잊었다. 예전에 열심히 일

하던 팔복이가 아니었다. 매일 정장을 하고 읍내로 출입하기 시작했
다. 늦바람이 난 것이다. 팔복이는 읍내 술집에서 돈을 잘 쓰는 사람
으로 소문이 났다. 팔복이가 뜨면 읍내 건달들이 파리떼처럼 모여들었
다. 팔복이는 농사철이 되어 밭에 두엄을 내야 하지만 여주댁에게 농
사일을 몽땅 맡겼다. 산과 들에 꽃이 피고 봄바람이 살랑거리면 팔복
이의 바람기가 더 심했다. 여주댁은 팔복이의 이런 모습을 보고 있으
면 가슴이 터졌다. 가난하던 시절, 둘이서 한 몸이 되어 열심히 일할
때가 지금보다 훨씬 행복했다. 여주댁은 돈이 있다고 으스대는 팔복이
를 눈꼴 사나워 보기 힘든데 마을 사람들은 오죽할까 하고 걱정했다.
오늘도 여주댁은 외출하는 팔복을 붙들고 따졌다.

"가난했던 때를 생각해야지."

"자네나 많이 생각하게, 사람이 살다 보면 음지가 양지 되고 양지가
음지가 될 때가 있네. 지금 나는 예전의 팔복이가 아닐세."

여주댁은 기가 찼다.

"죽었다 깨어나도 팔복이는 팔복이고 팔복이의 직업은 농사꾼이고
나는 팔복의 아내유."

그러자 팔복이는 여유까지 부리며 말했다.

"자네도 하루빨리 마음을 고쳐먹게."

"급작스레 돈이 생겼다고 으스대다 죽는 사람 많이 봤네. 그 꼴을
당하지 않으려면 열심히 일을 해야지."

"자네나 실컷 일하시게."

여주댁의 어떤 말도 바람이 난 팔복이에게 씨도 먹히지 않았다. 돈이 생기면서 팔복이는 뼛속까지 변한 것 같았다. 팔복이는 여주댁의 화장하지 않은 맨 얼굴을 보고 충고까지 했다.

"이 사람아, 얼굴이 그게 뭔가, 화장 좀 하게. 평생 땅만 파다 죽으려는 사람처럼. 몸이 더러우면 옆으로 가기도 싫다네."

"얼씨구, 사람이 이상하게 변했구먼. 농사가 천직이라는 사실을 명심혀."

"자네나 농사일 많이 하시게."

이제 팔복이는 뻔뻔하기까지 했다. 농사일이란 쉬엄쉬엄할 수 없다. 때가 있기 때문이다. 예전에는 농한기라고 해서 눈이 오는 겨울이나 장마철에는 며칠이고 거들먹거리며 쉴 수 있었으나 비닐하우스 농사를 지으면서 농촌은 사계절이 없어졌다. 눈만 뜨면 일터에서 살아야 했다. 여자들은 일에 치여 몸을 가꿀 틈이 없었다. 몸에서는 늘 쉰 듯한 땀 냄새가 났다. 팔복이는 읍내 출입을 하더니 여주댁한테서 여자 냄새가 없다고 불만이었다.

"몸에서 땀 냄새가 나니 옆으로 가기 싫다네."

여주댁이 발끈했다.

"일이 바쁜데 화장할 시간이 어디 있어!"

요즘 팔복이는 여주댁 보기를 돌처럼 했다. 몸을 가꾸지 않으니 여자같지 않다는 것이다. 고랭지 채소를 재배하면서 오봉마을 사람들은 더욱 바빠졌다. 도시 사람들은 봄이 오면 꽃구경 간다며 야단이지만 여주댁을 비롯해 이곳 사람들은 지금까지 꽃구경 한 번도 제대로 해 본 적이 없었다. 전에는 돈이 없어 못 갔으나 지금은 일이 많아 못 갈 형편이다. 반면 팔복이는 농사일을 여주댁에게 맡기고 자기는 거들먹거리며 할 짓을 다 하고 다녔다. 오늘도 팔복이는 정장을 하고 집을 나섰다.

"제명까지 살려면 바르게 살아야지."

여주댁이 빈정거리면

"걱정하지 말게, 나는 안 죽네."

"죽기 좋아서 죽는 사람봤어? 죽지 않으려면 본분인 농사일을 열심히 해야지, 여자 밝히다 제명까지 못사는 사람이 많더구먼."

"자네나 열심히 하시게."

여주댁이 한마디 했다.

"패가망신하지 않으려면 몸가짐 잘하고 다니슈."

"걱정하지 마시게."

팔복이는 오늘도 여주댁이 뭐라고 하건 말건 한껏 멋을 부리며 집을 나섰다. 동네 개들이 정장하고 나타나는 팔복이를 알아보지 못하고 컹컹 짖었다. 팔복이는 개들을 노려보았다. 멍청한 개들아, 오봉마을에 터줏대감을 모른다는 거야, 흥, 내가 너무 멋이 있어 알아보지 못하는 모양이구먼, 무식한 것들, 전 같으면 길가에 돌을 집어 개에게 던질 테지만 오늘 팔복이는 기분이 좋은 탓으로 그런 나쁜 짓은 하지 않을 모양이었다.

팔복이가 매일 찾는 곳은 읍내 상도리 극장 옆 청춘 콜라텍이었다. 밤이 늦도록 남녀가 한데 모여 유행가 가락에 맞추어 춤을 추는 곳이다. 요즘 콜라텍은 노인들만 찾는 곳이 아니다. 시장(市場) 옆이어서 시장바구니를 든 중년 여자들도 콜라텍을 찾았다. 스트레스를 푸는 장소다. 며칠 전 사십 대 여자가 남편을 저세상으로 보내고 울적해 찾아왔다가 바람이 나 가출한 사건도 있었다. 팔복이가 콜라텍에서 돈을 잘 쓰는 유명인사로 통했다. 돈을 잘 쓰니 여자들에게 인기가 좋았다. 팔복이는 춤을 추지 못하지만 여자들은 그런 것을 따지지 않았다. 여자들은 자기들에게 돈 잘 쓰는 남자면 그만이다. 그날 팔복이와 짝이 되었던 여자가 말했다.

"술 한잔하러 가시지요?"

"좋습니다."

여자가 먼저 가자고 하는데 팔복이가 거절할 이유가 없었다. 잠시 후 두 사람이 택시를 타고 한참 달려 도착한 곳은 언덕 위에 있는 큰 집이었다. 자식들은 다 성인이 되어 분가하고 큰 집에 여자 혼자 살고 있었다. 방에 들어서자 눈길을 끄는 것은 담근 술병들이었다. 전국에서 불로장수를 위한 약술을 다 모아 놓은 것 같았다. 산삼주, 더덕주, 매실주, 능이 술, 뱀술, 심지어 개미 술까지 있었다. 무병장수를 위해 담근 술이지만 정작 술을 담근 주인은 술을 먹어보지 못하고 다른 세상으로 가버렸다는 것이다.

"불쌍한 양반이군."

팔복이가 한마디 하자 여자가 혀를 찼다.

"복이 없는 거지요."

여자는 제일 비싸다는 산삼주를 들고 왔다. 두 사람이 술을 마셨다. 취기가 올랐다. 팔복이는 불이 밝은 곳에서 여자의 얼굴을 보자 조명등 불빛 아래서 보던 얼굴과 판이하게 달랐다. 얼굴이 푹 상했다. 주름을 감추기 위해 진하게 화장을 해서 덮은 얼굴이다. 밝은 형광등 아래 모든 것이 노출되자 꼬리 아홉 달린 늙은 여우처럼 보였다. 그날 밤 여자는 팔복이를 꽉 붙들고 놓아 주지 않았다. 꼼짝없이 당할 수 밖에 없었다. 여자는 이런 일이 한두 번이 아닌 듯 남자를 다루는 솜씨가 능수능란했다. 팔복이는 날이 밝아오자 쫓기듯 여자 집을 빠져나왔다. 여자는 대문을 나서는 팔복이를 향해 또 만나자며 씽긋 웃었다. 팔복이는 사자 굴에서 탈출했다는 안도감에 마음이 놓이며 몸을 부르르 떨었다. 팔복이는 얼마 후 기분이 이상해 비뇨기과 병원에 갔다가 뜻밖의 진단을 받았다.

"성병입니다. 요즘 나이 많은 여자를 조심해야 합니다."

팔복이는 늙은 꽃뱀에게 물린 기분이었다. 여주댁은 팔복이가 성병에 걸렸다는 사실을 알고 고소하다는 표정으로 놀리듯 한마디 했다,

"여자를 밝히더니 천벌을 받았구먼."

"천벌은 무슨."

팔복이는 비로소 돈이 많다고 무분별하게 행동한 자신을 후회했다.

최근 노인의 성병 문제가 사회 문제로 떠오르고 있지만 막을 수 있는 뾰족한 방법이 없는 것이 문제라는 것이다. 이후 팔복이의 바람기가 한참 동안 잠잠해졌다. 자주 다니던 읍내 출입도 하지 않았다. 자식들이 알까 봐 쉬쉬했다. 여주댁은 팔복이가 혼이 나서 다시는 바람을 피우지 않을 것이라고 믿었다. 그러나 멈춘 듯한 팔복이의 바람기는 다음 해 봄이 오자 다시 시작되었다. 마을 사람들이 팔복이에게 훈계했다.

"조강지처 괄시하면 벌 받을 줄 알게, 돈이란 놈은 발이 있으니 언제 자네를 버리고 도망갈지 모르지만 조강지처는 아닐세."

그래도 팔복은 태평이었다.

"내 걱정은 말고 자네들 걱정이나 하시게."

중복(中伏)을 하루 앞두고 더위가 극성을 부리고 있었다. 한 달 동안 비가 내리지 않아 밭에 농작물도 타들어 가고 있었다. 여주댁의 가슴속도 시커멓게 타들어 갔다. 천하태평인 팔복이도 이때만은 긴장이 되는 모양이었다. 고랭지 채소에 치명타가 될 수 있기 때문이었다. 물을 대주던 오봉마을 저수지마저 바닥이 드러나 거북이 등짝처럼 변했다. 온 마을이 비상에 걸렸다. 여주댁은 팔복이의 바람기도 가뭄과 함께 말라 죽었을 것이라고 믿었다.

그러나 날벼락 같은 소문이 마을에 돌았다. 팔복이와 봉순이가 동네 모텔에서 나오는 것을 봤다는 것이다. 오봉마을 사람들은 설마, 하고 소문을 믿지 않았다. 앞 뒷집에 사는 사람끼리 말이 되느냐고 말했다. 더구나 여주댁과 봉순이는 형님 아우 하며 가깝게 지내는 사이다. 모든 것이 사실로 밝혀지자 여주댁은 믿는 도끼에 발등 찍힌 기분이었다. 마을이 발칵 뒤집혔다. 오봉마을 사람들은 팔복이보다 봉순이를 더 나쁘게 생각했다.

봉순이가 남편을 장례 치른 지 보름도 안 되어 벌어진 일이기 때문이었다. 여주댁은 남편을 보내고 혼자 사는 봉순이가 불쌍하다며 알뜰살뜰 챙겨 주었는데 그런 봉순이가 남편하고 바람을 피운다는 사실을 알고 하늘이 무너지는 것 같았다. 아무리 세상이 타락해도 이건 아니라고 생각했다. 은혜를 원수로 갚은 꼴이었다.

"여자의 마음은 갈대라고 하더니…"

"죽은 사람만 억울한 거여."

봉순이 남편 종수가 삼 년 전 땡볕에서 밭일을 하다가 혈압으로 쓰러졌다. 병원이 멀어 일찍 도착하지 못 한 것이 병을 키우게 되었다. 치료할 시간을 놓쳐 종수는 반신불수가 되었다. 긴 병에 효자가 없다는 말처럼 봉순이는 종수를 일 년 동안 돌보더니 더 간호할 수 없다며 요양병원에 입원시키기로 했다. 종수는 이 사실을 알고 봉순이를 두고 절대로 요양병원에 갈 수 없다고 말했다. 봉순이가 달랬다. 그렇게 못 믿겠으면 요양병원에 가서 빨리 병을 고쳐서 나오면 될 것 아니냐고 하자 종수도 어쩔 수 없는지 승낙하고 말았다. 누구보다도 봉순이를 잘 알고 있는 종수는 여러 번 부탁했다.

"내가 올 때까지 몸 보관 잘해야 하네."

"내 몸은 내가 알아서 잘하고 있을 테니 걱정하지 말고 잘 다녀오기나 해."

"그럼 믿고 가네."

그 길이 종수의 마지막이었다. 요양병원에 입원하면서 병이 점점 더 심했다. 입원한 지 반년쯤 되었을 때 환자 상태가 이상하다는 연락을 받고 봉순이가 달려갔으나 종수는 이미 사람을 알아보지 못했다. 더구나 종수는 침대에 손이 꽁꽁 묶여 있었다. 요양병원은 환자가 몸부림쳐서 어쩔 수 없었다고 변명했다. 그러면서 밤낮없이 봉순이만 찾는다는 것이다.

"봉순이가 누구슈?"

"접니다."

"더 돌볼 수 없으니 데려가시지요."

했으나 봉순이는 종수를 데려오지 않았다. 그 후 종수는 봉순이만 찾다가 다른 세상으로 가버리고 말았다.

"불쌍한 사람."

동네 사람들이 봉순이를 놔두고 어찌 눈을 감았을까 측은하게 여겼다. 종수가 죽은 지 삼 일째 되는 날 시커먼 리무진 한 대가 종수의 집을 둘러본 후 마을을 떠났다. 오봉마을 사람들은 리무진을 향해 손을 흔들어 주었다. 종수의 마지막 가는 길이었다. 종수가 떠나자 애통하게 울던 봉순이가 한 달도 안 되어 팔복이와 바람이 난 것이다. 마을 사람들은 여자의 마음을 알 수 없다며 혀를 찼다.

　여주댁은 하늘이 무너지는 기분이었다. 팔복이가 남편으로 보이지 않았다. 짐승 같았다. 상대가 형님 아우하는 봉순이라니 더욱 그러했다. 얼마 후 사건은 은행나무 경로당에서 크게 일어났다. 중복(中伏)을 앞두고 더위가 극성을 부리고 있는 한낮이었다. 여주댁이 은행나무 경로당을 찾아갔다. 간밤에 잠을 설쳤는지 얼굴이 부석부석했다. 여주댁은 은행나무 경로당에 들어서기가 무섭게 고스톱을 치고 있는 봉순이를 마당으로 끌어냈다. 밖으로 끌려 나온 봉순이가 애원했다.

　"형님, 왜 이러슈? 창피하게."

　"자네도 사람인가? 남편을 땅속에 묻은 지 얼마나 되었다고 내 남편과 바람을 피우는가."

　"형님, 내 말을 들어 보고 이야기합시다. 이 손 좀 놓으시오. 숨이 막혀 사람 죽겠소."

　"자네는 죽어도 할 말이 없네. 그런 심보를 쓰면 천벌을 받을 걸세."

　"형님, 천벌은 나중에 받을 테니 목을 놓으시오."

　봉순이가 사정해도 여주댁은 분이 풀리지 않는 모양이었다. 봉순이의 멱살을 잡고 놓아주지 않았다. 봉순이도 호락호락하지 않았다. 여주댁에게 항의했다.

　"형님, 솔직히 형부가 바람피운 것이 어째 내 탓이오. 형님이 형부를 잘 모시지 못한 탓이 아니오."

　지붕 없는 방

이쯤 되면 적반하장(賊反荷杖)이다.

"자네, 사내에게 환장했구먼."

"그렇소. 그러니 이 손 놓고 이야기합시다."

오뉴월 열기가 땅에서 훅훅 풍겨 나왔다. 은행나무 경로당 마당 가운데서 여자 둘이 엉겨 붙어서 서로 코피가 터지는 싸움이 벌어졌다. 한번은 여주댁이, 또 한 번은 봉순이가 돌아가면서 땅 밑으로 깔렸다. 두 사람은 젖가슴이 밖으로 나와도 아랑곳하지 않았다. 입에 거품을 문 두 사람 눈에는 보이는 것이 없었다.

은행나무 경로당 회원들은 구경만할 뿐 아무도 나서서 싸움을 말릴 생각을 하지 못했다. 이런 싸움에는 누구 편도 들 수 없기 때문이었다. 괜히 잘못 편을 들었다가 무슨 덤터기를 쓸지 모르기 때문이었다. 은행나무에서는 매미가 싸움을 부채질이라도 하려는 듯 맴맴 하고 요란하게 울었다. 복날이면 가마솥에 들어갈 검정 개가 싸움이 걱정되는지 하늘을 향해 컹컹 짖었다. 여주댁의 악쓰는 소리가 한낮 더위를 더 부채질하는 것 같았다.

"자네 서방을 잡아먹고 이번에는 내 서방을 잡는구먼."

봉순이도 지지 않고 말대꾸했다.

"형님, 나도 여자유, 형부가 하자는 대로 했을 뿐이요. 그러니 나는 죄가 없소."

싸움은 점점 열기를 더해갔다. 사람들은 싸움이 어떻게 결말이 날지 호기심 가득한 표정으로 바라보고 있었다. 더위가 점점 열기를 더해가자 두 사람의 얼굴에는 땀과 먼지로 뒤범벅이 되어 흉물스러운 모습을 하고 있었다. 봉순이가 위인가 하면 잠깐 사이에 여주댁이 봉순이를 깔고 앉았다.

소문을 듣고 팔복이가 현장에 나타나더니 인정사정 보지 않고 여주댁을 꼼짝 못 하게 붙잡았다. 그러는 사이 밑에 깔려 있던 봉순이가 옷에 묻은 흙을 툭툭 털고 일어나며 보란 듯 한마디 했다.

"그 보슈, 형님 날 원망마슈."

"자네도 사람인가!"

봉순이가 웃으며 자리를 피하고 있었다. 팔복이는 그때까지도 펄펄 뛰는 여주댁을 붙잡고 놓아주지 않았다. 여주댁이 빠져나오려고 안간힘을 썼으니 남자의 힘을 당할 수 없었다. 봉순이가 저만치 달아나자 팔복이는 그때야 여주댁을 놓아주었다. 그런 후 팔복이는 낯 뜨거운 소리를 아무 거리낌 없이 여주댁에게 했다.

"나는 자네 없이는 한시도 못사네."

그러면서도 팔복이의 시선은 멀어져가는 봉순이를 향하고 있었다. 여주댁은 기가 막혀 땅에 주저앉고 말았다.

"저런 인간을 남편이라고 믿고…"

여주댁의 악을 쓰는 소리가 우렁우렁 마을에 퍼져나갔다. 더위는 더 극성을 부리고 검정 개는 머리를 하늘로 향하고 컹컹 짖었다. 여주댁은 고랭지 채소고 남편이고 자식이고 다 버리고 오늘 새벽에는 오봉 마을을 훌훌 털어버리고 떠나리라 결심했다.